中华现代学术名著丛书

欧化东渐史

张星烺 著

2015年·北京

图书在版编目(CIP)数据

欧化东渐史/张星烺著.—北京:商务印书馆,2015
(中华现代学术名著丛书)
ISBN 978-7-100-11730-2

Ⅰ.①欧… Ⅱ.①张… Ⅲ.①西方文化—影响—中国 Ⅳ.①K203

中国版本图书馆 CIP 数据核字(2015)第 263078 号

所有权利保留。
未经许可,不得以任何方式使用。

中华现代学术名著丛书
欧化东渐史
张星烺 著

商 务 印 书 馆 出 版
(北京王府井大街36号 邮政编码 100710)
商 务 印 书 馆 发 行
北 京 冠 中 印 刷 厂 印 刷
ISBN 978-7-100-11730-2

2015年12月第1版　　开本 880×1240　1/32
2015年12月北京第1次印刷　印张 6⅜　插页 1
定价:22.00元

张星烺

(1888—1951)

出版说明

百年前,张之洞尝劝学曰:"世运之明晦,人才之盛衰,其表在政,其里在学。"是时,国势颓危,列强环伺,传统频遭质疑,西学新知亟亟而入。一时间,中西学并立,文史哲分家,经济、政治、社会等新学科勃兴,令国人乱花迷眼。然而,淆乱之中,自有元气淋漓之象。中华现代学术之转型正是完成于这一混沌时期,于切磋琢磨、交锋碰撞中不断前行,涌现了一大批学术名家与经典之作。而学术与思想之新变,亦带动了社会各领域的全面转型,为中华复兴奠定了坚实基础。

时至今日,中华现代学术已走过百余年,其间百家林立、论辩蜂起,沉浮消长瞬息万变,情势之复杂自不待言。温故而知新,述往事而思来者。"中华现代学术名著丛书"之编纂,其意正在于此,冀辨章学术,考镜源流,收纳各学科学派名家名作,以展现中华传统文化之新变,探求中华现代学术之根基。

"中华现代学术名著丛书"收录上自晚清下至20世纪80年代末中国大陆及港澳台地区、海外华人学者的原创学术名著(包括外文著作),以人文社会科学为主体兼及其他,涵盖文学、历史、哲学、政治、经济、法律和社会学等众多学科。

出版说明

出版"中华现代学术名著丛书",为本馆一大夙愿。自1897年始创起,本馆以"昌明教育,开启民智"为己任,有幸首刊了中华现代学术史上诸多开山之著、扛鼎之作;于中华现代学术之建立与变迁而言,既为参与者,也是见证者。作为对前人出版成绩与文化理念的承续,本馆倾力谋划,经学界通人擘画,并得国家出版基金支持,终以此丛书呈现于读者面前。唯望无论多少年,皆能傲立于书架,并希冀其能与"汉译世界学术名著丛书"共相辉映。如此宏愿,难免汲深绠短之忧,诚盼专家学者和广大读者共襄助之。

商务印书馆编辑部

2010年12月

凡 例

一、"中华现代学术名著丛书"收录晚清以迄20世纪80年代末,为中华学人所著,成就斐然、泽被学林之学术著作。入选著作以名著为主,酌量选录名篇合集。

二、入选著作内容、编次一仍其旧,唯各书卷首冠以作者照片、手迹等。卷末附作者学术年表和题解文章,诚邀专家学者撰写而成,意在介绍作者学术成就、著作成书背景、学术价值及版本流变等情况。

三、入选著作率以原刊或作者修订、校阅本为底本,参校他本,正其讹误。前人引书,时有省略更改,倘不失原意,则不以原书文字改动引文;如确需校改,则出脚注说明版本依据,以"编者注"或"校者注"形式说明。

四、作者自有其文字风格,各时代均有其语言习惯,故不按现行用法、写法及表现手法改动原文;原书专名(人名、地名、术语)及译名与今不统一者,亦不作改动。如确系作者笔误、排印舛误、数据计算与外文拼写错误等,则予径改。

五、原书为直(横)排繁体者,除个别特殊情况,均改作横排简体。其中原书无标点或仅有简单断句者,一律改为新式标点,专名号从略。

六、除特殊情况外,原书篇后注移作脚注,双行夹注改为单行夹注。文献著录则从其原貌,稍加统一。

七、原书因年代久远而字迹模糊或纸页残缺者,据所缺字数用"□"表示;字数难以确定者,则用"(下缺)"表示。

目　　录

第一章　欧化东传之媒介 ·· 1
　　第一节　欧化界说 ··· 1
　　第二节　欧洲商贾、游客及军政界人之东来 ······················ 2
　　第三节　基督教传道师之东来 ······································· 13
　　第四节　中国人留学及游历外国 ···································· 31
第二章　有形欧化即欧洲物质文明之输入 ······················· 39
　　第一节　军器事业 ·· 39
　　第二节　学术事业 ·· 42
　　第三节　财政事业 ·· 53
　　第四节　交通事业 ·· 64
　　第五节　文教事业 ·· 71
第三章　无形之欧化即欧洲思想文明之输入 ··················· 76
　　第一节　宗教思想 ·· 76
　　第二节　伦理思想 ·· 78
　　第三节　政治思想 ·· 79
　　第四节　学术上各种思想 ·· 88
　　第五节　艺术思想 ·· 90

附录

三百年前菲律宾群岛与中国 ………………………………… 93
马哥孛罗 ……………………………………………………… 106
泉州访古记 …………………………………………………… 164
中世纪泉州状况 ……………………………………………… 180

张星烺先生学术年表 ………………………………… 张昭军 191
博观约取,厚积薄发
　　——一部中西交通史研究的拓荒之作 …………… 张昭军 201

第一章　欧化东传之媒介

第一节　欧化界说

　　中国与欧洲文化，有形上及无形上，皆完全不同。上自政治组织，下至社会风俗，饮食起居，各自其数千年之历史展转推演，而成今日之状态。东西文化孰为高下，诚不易言。但自中欧交通以来，欧洲文化逐渐敷布东土，犹之长江、黄河之水，朝宗于海，自西东流，昼夜不息，使东方固有文化，日趋式微，而代以欧洲文化。则是西方文化，高于东方文化也。尤以有形之物质文明，中国与欧洲相去，何啻千里。不效法他人，必致亡国灭种。至若无形之思想文明，则以东西民族性不同，各国历史互异之故，行之西洋则有效，而行之中国则大乱。各种思想与主义，无非为解决民生问题。而勉强效颦他人，使国中发生数十年或数百年长期乱事，自相屠杀，血流漂杵，人烟断绝，以至国破种灭。吾人何贵乎效法此种主义耶？依此种情形观之，欧洲之无形文明，各种思想，各种主义，持之有故，言之成理者，是否优于中国固有，与夫是否有效法之必要，不能不使人怀疑矣。但东西交通既起。有形贸易与无形贸易，滔滔不可复止。是在国中之政治家，善自掌舵而已。兹不论其高下，与夫结果之善恶,但凡欧洲人所创造,直接或间接传来,使中国人学之,除旧布新,在将来历史上留有纪念痕迹者,皆谓之欧化。为便利研究起见,分欧化为有形部,或物质文明部,如天文、历法、医药、测绘、机器、轮船、铁路、电报等等是也。无形部或思想文明部,如宗教、哲学、伦理、政治、文学等等是也。欲叙述各种欧化史,不得不先叙传入欧化之各种媒介物。媒介物大概可分为三种:(一)由欧洲商贾、游客、专使及军队之东来。(二)由宗教家之东来。(三)由中国留学生之传来。吾故于叙述欧化史之先,作导言,略述此三种之经过。

第二节 欧洲商贾、游客及军政界人之东来

欧洲人与中国有交通,西汉以来已然矣。元代欧洲人来中国者,颇不乏人。然皆与今代之欧化无关,盖彼时欧洲人文化未必高于中国。东来者人数究亦不足诱起欧化。更无高深学者,足以引起中国人之敬仰心,愿就其门执贽者。元时,欧洲人文化不独未东传,而东方各种大发明,如印刷术、火药、罗盘针、纸等反由东向西传播也。元亡明兴,中欧交通中断者约一百五十年。东方货物尚可运入欧洲。大概经由四道:第一道经中央亚细亚、萨马儿罕、布哈拉、里海北岸,再至黑海北岸,渡海至君士旦丁堡。第二道经印度大陆及印度洋、波斯湾、美梭博塔米亚、梯格里斯河,北至脱莱必松德(Trebizond),抵黑海,再西至君士旦丁堡。第三道经油付莱梯斯河,至阿雷坡(Aleppo),再至安都城(Antioch),渡地中海达欧洲。第四道入红海,抵埃及,达地中海滨。1453年(明景泰三年),土耳

其人攻陷君士旦丁堡。对于西欧各国，毫无亲邻之意。诸道皆为土耳其人阻隔。欧洲人所嗜之调和物品、胡椒、丁香诸物，俱不得入欧。故欧洲各国商人不得不另觅新道，以通东方。葡王显理（Henry）奖励远航非洲西岸，希望于该洲南角，得一通印度洋之道。唯非洲甚长，远过于葡人所计算者。数次蹈查，皆失败而回。1486年（明宪宗成化二十二年），葡人狄亚士（Bartholomew Diaz）初至好望角，沿海岸向北航若干程后，始归航。报告国人，非洲南端已穷尽，有新道可达东方。狄亚士发现好望角后十二年，而葡人竟得达其目的。1497年（明孝宗弘治十年）7月，瓦斯柯达格玛（Vasco da Gama）率小船三艘，自葡京立斯本起航，绕过好望角后，向东北航行，远超以前狄亚士所至之地，直至桑西巴北二百英里。由是处作横渡印度洋之壮举。1498年（弘治十一年）夏，抵印度西海岸古里港（Calicut）。在此将带来之欧洲货物，悉换作香料，满载而归。1499年（弘治十二年）夏，三船安回立斯本原地。来回共需时26月。以前所久欲寻觅之欧亚新交通线，竟得成功矣。葡萄牙人急速利用此新发现，贸易东方。1500年（弘治十三年）3月，达格玛归回仅六月，派喀伯拉尔（Pedro Alvares Cabral）率船十三艘，满载货物，再往古里。至翌年7月，归立斯本。1502年（弘治十五年）2月，达格玛率船二十艘再往。自是香料及其它东方各种货物，大宗流入欧洲。葡京立斯本不久即成为欧洲最重要商埠之一。葡人利用其精良火器，摧败印度洋上阿拉伯人之商业与势力，独霸东方海上。1510年（正德五年）攻陷印度西岸之卧亚府（Goa），作为根据地。次年又攻陷马雷半岛之麻六甲（Malacca。《明史》作"满剌加"）。遣使至印度支那各邦政府，以通友好。白古（Pegu）、逼罗、交趾支那及东京，皆有葡国使节之足迹。葡人待麻六甲之中国商人甚为优渥。此等商人回国以后,对于葡人有极佳之报告。1514年(明武宗正德九年),葡国商人初至中国海岸贸易,大获利而归。次年(正德十年)麻六甲葡国总督佐治达尔伯克喀(Jorge d'Albo-querque)遣裴来斯特罗(Rafael Perestrello)往中国。乘马雷人海船。至1516年8月12日无回音,乃复遣安特拉德(Gernao Perez d'Andade)再往,亦无功而返。抵麻六甲时,得遇裴来斯特罗。裴已至中国,获大利而先归矣。总督决意再遣安特拉德往中国。船上满载胡椒。于1517年6月17日起碇。同行者有皮来资(Thomas Pirez),以葡萄牙大使名义往聘中国。皮来资素充药剂师,然为人敏捷,善于应对,使当外交官,颇为相宜。8月15日,抵大门港(Tamang,在后川岛。后川距上川不遥)。距中国陆地,尚有三海里。外国商船至广东者,皆须寄泊于此。葡人欲往广东省城,中国官吏不许。葡人强驶入内河,放炮举敬礼。抵广东后,国使皮来资与随员登陆,中国人接待颇优,择安寓以舍之。葡人所载货物,皆转运上陆,妥为贮藏。皮来资留广州数年,以待明廷回文。直至1520年(正德十四年底)1月,始得明武宗允许召见。皮来资由广州起程北上。先乘船至梅岭山,弃船陆行往南京。行四月始至。武宗已先回北京。命使者随至北京。1521年1月,皮抵北京。葡人留广州者多不法行为,与中国人大起冲突,地方官吏奏参,武宗拒见皮,送之回广州。1523年(嘉靖二年)死于狱中。此为葡国第一次遣使中国之经过也。葡人既不得志于广州,乃北至浙江宁波(Liampo),赂地方官以重金,得留其地贸易。嘉靖十二年最盛时,每年达三百余万金币。投资者无不获三四倍之利。人口最多时,葡人达一千二百名,东方他国商人达一千八百名。葡人既富以后,骄奢淫佚,多不法行为,与土人多龃龉。葡人法利亚(Faria)者尝至南京,盗明孝陵宝物,归匿宁波居留地。明帝大怒,乃下令讨伐。陆军由浙江进,海军由福建进,两面夹攻。焚毁宁波居留地及港中奇碇船舰三十五艘,尽杀外国商人,及基督教徒凡一万二千人。其中有葡人八百名。时嘉靖二十一年,即西历1542年也(亦有谓在嘉靖二十七年者)。宁波商市被毁后三年,葡人复以重金赂福建泉州地方官,得在其地贸易。葡商人行为,无异在宁波者。嘉靖二十八年,泉州地方官及人民亦群起驱杀葡人。全体五百名中,免死者仅三十人而已。浙江、福建皆无立足余地,葡国商人复回至广东上川岛(西人名之曰圣约翰岛)。起搭篷帐,为临时商场。去则撤去。时海盗猖獗闽广海岸。中国政府为易于巡查之故,乃允许葡人在上川附近之浪白滘(亦作澳)居住,并可入广州贸易。不久,浪白滘即异常兴旺。葡国居留民达五百名之多。大抵皆自南洋贩运胡椒,与中国人交易丝绸、麝香。香山县南端有阿妈澳者,为海盗所据。葡人勇敢,火器又精。嘉靖三十六年(1557年)逐去海盗而占领之。复以金赂地方官,得其允许,在该港建房舍,为晒干及储藏货物之用。葡人多拐人作奴。万历元年(西元1573年),中国官乃筑墙于澳门半岛北面土腰,仅留一门以通出入。设官守之,而拐风不熄。万历十年(1582年),两广总督召所有澳门葡国官吏、总督判官等至肇庆,会商防阻办法。中国官宪以驱逐出境相恐吓,葡人出重赂乃得免。葡人在澳门地位之得保持,悉使用贿赂之功也。葡人常谓中国皇帝允许澳门为葡人久居之地,不归中国政权统治,而中国政府固未尝承认,亦从无一人曾见中国皇帝之允许谕旨也。自最初,葡人每年交香山县政府租金一千两,尤为承认中国主权之明白证据。1691年(康熙三十年)至1754年(乾隆十九年),每年租金为六百两。以后减为五百两。1843年(道光二十三年),葡人请求两广总督耆英,免去每年租金。耆英严拒,唯给与若干特别利权而已。1849年(道光二十九年),葡国澳门总督阿玛拉尔(Amaral)断然停止付给租金。中国亦无如之何。嘉庆间,拿破仑横行欧洲时,英国人曾两次暂占澳门。中国官皆抗议其侵略中国土地。1887年(光绪十三年),中国承认其占领权。澳门虽自初即为葡国所承租,但为西洋各国来广东贸易者之根据地。所有远来商船,皆先至澳门请领港人及粮食备办人。由中国放洋回国者,亦皆先至澳门买船。每年在广州营商者,事毕皆回住澳门,次年复回广州。1842年(道光二十二年)英中鸦片战争后,香港崛兴,五港通商,情形始改。澳门不独为鸦片之战以前西国商人汇萃之地,而各国传教士亦皆聚集于此。故为前期欧化输入之唯一门户也。

葡萄牙人于明武宗时,重起中西交通以后,独占中欧间贸易者,约达六十年之久,无他国与之竞争。明穆宗隆庆五年(西元1571年),西班牙人越大西洋,经墨西哥,横渡太平洋,征服菲律宾群岛。再阅三年,至明神宗万历二年(西元1574年)冬,中国海盗林凤(Limahong)率战舰六十二艘,男丁三千人,攻马尼拉市。为西人所败,北退林加烟湾。三年春,中国军官王望高奉福建巡抚及漳州知府之命,率战舰二艘,追林凤至林加烟湾。得悉林已为西班牙人围困于彭加锡南(Pangasinan),将成擒矣。故决意归国,报告巡抚。西班牙总督拉维柴立斯(Lavezaris)遣奥斯丁(Augustine)会僧人腊达(Martin de Rada)、马林(Geronimo Marin)二名,及侍从数人,携公牒随同中国军官至福建,表示友谊,礼聘福建巡抚,请求通商。巡抚优遇西使,将其请求转奏皇帝。万历四年(西元1576年)2月,中国使者至马尼拉,宣告帝旨,允许西班牙人在厦门通商。

第一章 欧化东传之媒介

葡人自西来，以澳门为根据地。西人自东来，以马尼拉市为根据地。两国势力会于中国门户前南海中。1581年（万历九年）西、葡二国合并。1586年（万历十四年），菲岛总督、总主教等上书西班牙王斐律勃二世（Philip II），谓据探报，中国人皆懦怯无勇，兵队皆以乞丐组成。请以一万或一万二千西兵，征服中国。即不能得全国，至少亦可占领滨海数省。征服以后，照菲律宾办理，先握其政权，再从事传布基督教。西王不纳。1588年（万历十六年），西班牙水师大举伐英。全师覆没。国力衰耗，无暇东顾。征服中国之雄图，不得不放弃矣。但在东方之势力，暂时尚得保存。菲律宾群岛诸国，以前时常自相攻伐，华人畏往。西人入境，扫灭各邦，恢复秩序，商业大兴。华人趋之若鹜。17世纪初半（明万历三十年后），西班牙国因陷入三十年战争旋涡，国中兵力财富俱皆损耗，国势日渐衰微。葡萄牙国合并于西班牙达六十年之久，祸福与共。在亚洲之属地，皆为英、荷二国所夺。在东方者，仅余澳门一港，为其所有。

荷兰人初仅至葡京立斯本间接贩运印度胡椒等物。1594年（万历二十二年），西班牙王斐律勃二世禁止立斯本与荷人贸易。荷人不得已，乃改计自往东方。1602年（万历三十年）组织荷兰东印度公司，质本六千六百万盾（guilders）。翌年，遣商舰数艘至南洋群岛，贩运货物，获大利而归。1604年（万历三十二年）及1607年（万历三十五年），荷兰人两次至广东，欲与中国通商，皆为澳门之葡人阴谋所阻。1622年（天启二年），荷兰水师提督莱佑荪（Kornelis Rayerszoon）率领战舰十五艘，战士二千人（其中荷兰人九百名，马雷人及日本人一千一百名）袭澳门。大败而退，死伤甚众。不得志于广东、澳门两地，乃东据澎湖岛。与西面中国大陆驶来之商船,交易货物焉。1624年(天启四年),更东进而占领台湾岛。在岛西面安平港筑细兰的亚炮台(Zelandia Castle),作根据地。台湾近中国大陆、日本。较之马尼拉港西班牙人,更为捷近矣。荷兰人治理台湾至1662年(康熙元年),为郑成功所逐。成功以兴复明室为号召,而实则与独立国无异。成功死,子经嗣位。经死,子克塽嗣立。至1681年(康熙二十年),清兵攻下厦门。荷兰人以有宿怨之故,亦遣舰相助焉。清室入关以后,荷兰数次遣使,请求通商。1655年(顺治十二年)为郭佑(Peter de Goyer)及开塞耳(Jacob de Keyser)二人。1664年(康熙三年)使者为霍恩(Pieter van Hoorn)。1795年(乾隆六十年)为铁清(Isaac Titsingh)及范百兰(A. E. van Braam)二人。每次使者,皆卑身屈己,侪于藩臣贡使之列,行三跪九叩之礼,希冀可邀中国皇帝特许,准其在国内通商。然所得结果,则大失所望。清帝仅许其八年一贡,使船每次四艘而已。

英国人初时依赖荷兰而得各种香料。以后荷人高抬货价,每磅胡椒由三先令抬至六先令以至八先令。伦敦商人不得已,乃于1599年(万历二十七年)自组公司,直接往远东贩运香料。1600年,伦敦东印度公司自女王额里沙白(Elizabeth)领得特许证。翌年,遣商船五艘往印度。此时英人通商活动精神远后于荷人。公司资本不厚。第一次派出商船时,即将所有资本用尽。1604年(万历三十二年),第一次遣出之商船,平安归回伦敦后,始又派出三船。荷兰及英国两东印度公司之至东印度,目的全为通商。所有商船皆由私人资本派出。非若葡萄牙与西班牙二国欲开辟殖民地,或欲传布基督教及欧洲文明于远东土人也。然两国公司,终亦不能使商业与领土扩张二事完全分离也。英、荷为后起之国,与葡、西二国商业竞争甚烈。菲律宾群岛在南洋群岛之极北,面积甚小,易于防守。虽数遭荷人之攻,而西人终能守之。葡萄牙之东方帝国西起红海口,东至摩鹿加群岛,横亘东方全世界,两端相去六千余英里。土地分散,防守不易。且皆据咽喉之地,为亚洲各国各民族通商必经之地,尤足引起英、荷二国之嫉视,非夺取不可也。故葡萄牙之东方帝国全边线皆被侵袭。荷兰人攻其东,英人攻其西。1641年(明崇祯十四年),麻六甲大海港为荷人所得。1618年(万历四十六年),红海口内莫夏港(Mocha)为英人攻陷。1622年(天启二年),波斯湾口之忽鲁谟斯港(Hormuz)为波斯及英国联军所陷。此二港之陷落,尤为致命伤。红海及波斯湾之商业,由是不复为葡人所有。英、荷二国人又煽动东方各地土人,助以火器抗拒葡人。葡人自是遂无能为矣。英国人初仅注意于印度之商务,以后亦注其目光于远东。1636年(崇祯九年),东印度公司改组后,英王查理一世遣威德尔(Weddell)、蒙忒内(Mountney)、罗滨孙(Robinson)和蒙德(Peter Mundy)四人,往中国经营商业。1637年,威德尔率三舰一艇抵澳门港,求贸易。葡官不许。英船乃驶至广州附近欲上岸,中国官不许。攻破岸上炮台。经各种困难及葡人之斡旋,始得满载中国糖、绸缎、瓷器等物而回英国。此次航行与当初所希望者相去甚远。然威德尔谓以后在中国通商定可获利。后十余年,英人始再遣舰至广州,亦未获重利。至清初,英人以不得志于广东,乃至福建交欢郑成功。给以军器。得其允许,在台湾及厦门两地设立货栈。郑氏既亡,清室同等待遇荷兰及英国。皆许在厦门通商。但清兵不知保护外商,百端敲诈。英人不堪其扰,乃复至广州求市。斯时广州地方吏治,比较尚为清廉,不致如厦门之暴横。经多时苦心,卒以1699年(康熙三十八年)在广州设立货栈。自是以后,未尝断绝。1698年(康熙三十七年),法国人阔尔伯特（Colbert）组织中国贸易公司（Compagnie de Chine）参加中国贸易。不久，瑞典、丹麦亦闻风而起。18世纪末，美国宣布独立后，亦横渡太平洋来中国贸易。中国沿海通商之地，尚有数港，然以广州为最大。至1757年（乾隆二十二年），清帝下令只许广州通商。其他各港，悉皆封闭。来广州贸易之国甚多，然以英人为首。1736年（乾隆元年）来广州贸易，西船共十二艘。其中英国五艘，法国三艘，荷兰二艘，丹麦及瑞典各一艘。1753年（乾隆十八年）来广州者共二十七艘。其中英国十艘，荷兰六艘，法国五艘，瑞典三艘，丹麦二艘，普鲁士一艘。广州官吏亦多敲侮外商。征收货税，漫无章程。1792年（乾隆五十七年），英国政府决意遣使中国，与政府协商改良方法，并请在天津、宁波、舟山等地通商。使者马戛尔特尼（Lord Macartney）于1792年9月26日离朴资茅斯（Portsmouth）。携带礼物六百箱。次年8月5日，抵天津大沽口。清廷极为优待，特派专使欢迎，备专船载使者至京。船旗书"英国贡使"，使者亦不抗议，盖恐抗议而交涉中断也。抵北京后，争持朝见礼节多时。卒以见英国皇帝之礼见清帝焉。所请求者俱不准。1816年（嘉庆二十一年），英国复遣勋爵阿美斯德（Lord Amherst）来中国，谋改良商况。此年2月8日离朴资茅斯。同年8月28日抵北京。复以争持朝见礼节，未见清帝即南回广东。自是而英人对中国情感益恶。以后政策，除宣战，强迫使中国人改良通商情形外，或完全服从中国之苛政，或放弃与中国人通商。三者之中必择一途，而后两国始能平等磋商。积之多年，至道光二十年而鸦片之战起。中国大败，订《南京条约》，赔款二千一百万圆，割让香港，开放广州、福州、厦门、宁波、上海五口为通商口岸，准英国派领事住居，并准英商带家属自由来往。以后两国往来文书，用平等款式。《南京条约》公布之后,欧美各国莫不欢迎。如比利时、荷兰、普鲁士、西班牙、葡萄牙、美利坚、法兰西诸国相继派领事或公使来广东与我国订修好通商条约。自是以后,有形之欧化,及无形之欧化,日渐输入中土。每次战败,外患益烈,而欧化之输入,亦随之而益盛焉。初则中国人妄自尊大,蔑视外国,以蛮夷待遇欧美各国,继则平等相视。义和团后,物质与精神,中国人皆承认不如西洋人而自动欧化,事事模仿欧美。饥不择食,不顾自己能否融化,酿成今日消化不良之大乱局势。

由上方历史观之,16世纪时,来中国者,仅葡萄牙、西班牙二国。至17世纪,荷兰、英国接踵而至。加以葡、西二国,欧洲之国通商中国者,共凡四国焉。17世纪时,英国人专力于印度。远东之商业,尚未盛旺。荷兰人以南洋群岛为根据。在东方之商务驾于葡、西二国之上。至18世纪时,英国人不但独占印度,即在中国南海上,商业亦推第一焉。综数世纪之历史观之,在中国海面上商业,大概16世纪推葡、西二国最盛。17世纪荷兰为首。至18、19两世纪,则英国压倒一切焉。于此时期,欧化东渐,俱由海道,自西徂东。其主动力亦推此四国为首。其他诸国皆依此四国而进焉。

北方俄罗斯国之东进,征服西伯利亚全部,直抵北太平洋沿岸,与欧洲人势力东渐,有莫大之关系。然与欧化东渐,则关系极微。盖俄罗斯本国之进为欧化国家,仅于18世纪初叶,彼得大帝时而已。明末清初,野蛮之科萨克军队为寻黄金与貂皮,而占领西伯利亚,将莫斯科国(Muscovy)之势力膨胀至太平洋滨。其人不足代表任何文明。其本身文明程度之低,与中国西北之哈萨克人,额鲁特人无以异也。秦汉以来,北方匈奴、柔然、突厥、蒙古诸族,皆由东亚向西膨胀。俄罗斯人特转其方向,由西向东。更恢复蒙古时代之大版图,使欧亚两洲产生一统一政府耳。俄罗斯人战胜喀桑(Kazan)及阿斯脱拉甘(Astrakhan)两地蒙古人后,得恢复独立,统归莫斯科国治理。越三十年至1580年(明万历八年),科萨克将叶尔玛克(Yermak)逾乌拉山,侵入西伯利亚北部。其地满布森林沼泽。游牧民族所不居,仅有稀少之渔猎部族,如通古斯人,鄂斯帖克人(Ostiaks),雅克特人(Yakuts),居之而已。1637年(崇祯十年),俄罗斯人在雷那河畔建立雅古特斯克(Yakutsk)炮台。再越二年而抵鄂疴斯克(Okhotsk)海岸。不久南下至黑龙江畔,与清室大起冲突。清室大胜。1689年(康熙二十八年),两国订《尼布楚条约》。俄人放弃雅克萨城(Albazin),退出黑龙江流域,划定疆界。直至1855年(咸丰五年)始再前进。《尼布楚条约》更许俄国通商。1721年(康熙六十年),订《北京条约》,许俄国使臣驻北京,他国使臣不得享焉。1727年(雍正五年),订恰喀图条约,划定两国边界,并协定通商事宜。1733年(雍正十一年),中国遣使至俄国。终18世纪全期,两国外交甚为亲密。通商集中于库伦及恰喀图两地,以骆驼代船舶。中国输出者,茶为大宗。由俄国输入者为黄金及皮货。11世纪时,俄国人始自额鲁特人运入茶叶。不久即全国嗜饮茶,较之英、美两国人尤甚焉。入19世纪以后,俄人在北方,西欧人在南方,肆其精良之兵器,将中国四面包围。中国仍欲保持其闭关自守政策,不愿欧化不可得矣。20世纪以前,中国输入欧化,俄罗斯人无功焉。入20世纪,西伯利亚大铁路完成,为中国人往欧洲留学之捷径。至留学俄国之中国学生,仍极稀少。中国人新学,受自俄国者,亦极微末。国民政府在广东成立,俄人与有力焉。以后共产主义之输入,及共党各处兴起,亦俄人之赐也。

（参考 Steiger, *History of the Orient*; C. A. M. de Jesus, *Historic Macao*; E. Bretschneider, *Mediaeval Researches*; Y. G. Hudson, *Europe and China*; H. B. Morse, *International Relations of the Chinese Empire*;《明史·佛兰机传》,《荷兰传》。)

第三节　基督教传道师之东来

基督教传入中国,第一次在唐太宗时,有西安府所存之大秦景教流行中国碑及最近在甘肃敦煌县鸣沙山石室中,所发现唐时景教徒之各种译述为证。唐武宗时被禁绝。第二次传入中国,在元代。欧洲人教士东来者,有孟德高维奴(John of Montecorvino)、安德鲁(Andrew)及鄂多力克(Odoric)等。信徒中有皇后、公主、亲王、大将、驸马等,人数颇盛,远非近时之清代可比。元亡明兴,其教亦随之而亡。与近代之欧化东渐,亦毫无关系。16世纪,葡萄牙人及西班牙人恢复中欧交通。时值欧洲人宗教热重兴。各教会皆极欲向远方传教。其中尤以新起之耶稣会(Jesuits)组织严密,不亚军队。会员皆有湛深学术,具刻苦牺牲精神。在欧洲则改良本教中腐败,反抗路德新教;在他洲则尾随探险家之后,极力寻觅新信徒。西、葡二国政府,一方在海外扩充版图,而同时亦负传布基督教于异类之使命,以为基督福音为人类现在及将来幸福之要素,精神上无价大宝,将以公之于所有人类也。

方济各·沙勿略(Francis Xavier),西班牙纳袜辣(Navarre)人,为耶稣会发起人之一。热心宗教,精干多才。1542年(明嘉靖二十一年)至印度卧亚(Goa)传教。在卧亚附近各地活动数年。至

1549年(嘉靖二十八年),往日本宣道。途中尝经过广州。抵日本后,不久得悉日本文化皆来自中国。日本人对中国甚为敬仰。因思若使中国改奉基督教,则日本亦必尾随而来矣。沙氏为人,思想所及,必实行之。1551年(嘉靖三十年)自日本归回,途经上川岛(在广东台山县正南海中),遇友人帕雷拉(Diego de Pereira),同至麻六甲,筹划入中国方法。沙勿略更西至卧亚,得葡总督之赞成,任命帕雷拉为往中国专使,沙氏为随员。欲代葡王与中国皇帝订盟好通商,传教及释放葡国捕掳诸约。1552年(嘉靖三十一年)4月离印度。同行者有僧人一名,非教会中人四名,及中国人安拖奴(Antonio)。安拖奴尝在天主教学校中受教育,此行任翻译员。至麻六甲时,帕雷拉亦加入。不意麻六甲葡国守官阿尔瓦罗(Don Alvaro de Ataide)无论如何,不许使团前行。反对理由不明。阿尔瓦罗者,著名航海家瓦斯柯·达·格玛(Vasco da Gama)之子也。卧亚及总督离麻六甲甚远。葡王及立斯本京城,与教皇及罗马城,更在万里之外。沙勿略呼吁无门。在麻六甲,阿尔瓦罗即当地皇帝也。彼既阻挠,无法再前行。沙勿略百端设计晓谕,仅得以个人乘船往中国,不许携带礼物。帕雷拉留麻六甲亦不许陪行。以前专使聘问之议,完全放弃矣。沙勿略抵上川岛,商季已届。葡国商人在此者甚多。沙氏欲由此往中国大陆。既入中国或可得机久留也。上川岛上葡国商人以中国政府取严行闭关主义,商人等皆新近自大陆被驱至上川岛,沙氏一人秘密往中国,若为官吏侦知,则迁怒商人,或竟上川岛贸易权,亦被禁止也。故无一人赞助沙氏者。沙氏暗与中国某船长约,载至大陆。至期某船长失约。商期过,葡国商船悉离上川岛航归。沙氏一人与来船独留。仍希望或有发达其目的。乃忽染病。船颠摇,苦不可堪。请求登岸养病。

不意至年底竟一病不起,卒于岛上临时寓舍。时西纪1552年也。中国译员安拖奴始终侍病在侧。暂葬岛中,以后移葬卧亚。近代史上,来中国基督教第一传道师之事迹如是。读之犹如探险小说也。

沙勿略以后,第一传道师能在中国久居者为范礼安(Alessandro Valignani),范亦耶稣会士,籍隶意大利。1573年(万历元年),耶稣会遣之至印度传教。后又被遣至日本。路过澳门时,无意中竟羁留是地。欲入中国内地传教,因请同国同会修士罗明坚(Michael Ruggerius)来中国相助。罗于1578年(万历六年)至印度,1579年(万历七年)7月抵澳门,学习官话。尝随葡国商人至广州数次,得门徒数人。后数年,耶稣会派帕修(Francis Pasio)及利玛窦(Matteo Ricci)二人至中国辅助罗氏。帕修不久往日本传教。利玛窦则仍留中国,在中国基督教史上享盛名也。利玛窦亦意大利国人。1552年(嘉靖三十一年)10月6日,生于安柯那边界(Mauh of Anchona)玛塞拉塔城(Macerata)。少时,其父使之往罗马学法律。当时,青年人多志慕耶稣会士。利玛窦亦投入会中为修士。初入会时,教师为范礼安。受范之引诱,利玛窦发愿往东方中国。在罗马为学生时,潜心研究算学、宇宙学、天文学,尤精天文。以后在中国即以天文学接近中国士大夫而著名也。1577年(万历五年),请愿往东方传教。翌年抵卧亚。教书之暇,学习宗教学。1582年(万历十年),应范礼安之召,至澳门。先学中国语言文字。次年(万历十一年),罗明坚与利玛窦二人得入广东省城肇庆府久居。二人初不欲即传教,以免中国人误会,仅以慕中华文物,观光上国为名,交接中国士大夫。西方时辰钟,尤为华人所惊羡。利玛窦绘一世界地图,表明欧洲各国地位,而又特置中国于中央,以符中国士人旧观念。其他各国皆为边疆装饰品。精闲算学,尤足使中国士人信仰。居肇庆不多月,颇交接士大夫。耶稣会创办人罗育腊(Loyola)生平传教,不分贵贱。对于贫民,未尝歧视。然深信若能得上级社会信仰与赞助,则下级社会传布工作,自易为力。上帝大荣誉亦易达到也。在中国此策尤然。所有传教师无条约保障,全恃政府赡养辅助。若欲永久在境内居留布教,必须与国中之士人交欢,维持地位。盖士为四民之首。所有政府官吏,皆自士人选拔而来也。明末中国学术界对于新知识,尚表示欢迎。亦有对旧哲学表示不满意,存怀疑之心,而愿承受外国新学说者。耶稣会士在中国,先以欧洲之技巧制造品,引起中国士人之好奇心,得其称许。再进而证明有数种学术,欧洲人士研究较中国人为精密。待各种学术沟通以后,中国士人当可更进而研问欧洲人是否亦有哲学及宗教真理,可值注意也。《明史》卷三百二十六《意大里亚传》言:"其国人东来者,大都聪明特达之士。意专行教,不求利禄。其所著书,多华人所未道,故一时好异者咸尚之。而士大夫如徐光启辈首好其说,且为润色其文词,故其教骤兴。"《明史》此数语可以证明耶稣会人传教策略之方法与成功矣。居肇庆数年传教,成绩不佳。1585年(万历十三年),有友人在官者,请罗明坚及阿尔梅达(Almeida)二人北游至杭州。始得一机会,深入中国内地。罗以后似又曾至广西。前途困难甚多。各神父甚愿欧洲各国君王能遣一公使,与中国皇帝磋商,俾得允许在中国内地传教。无皇帝特许,仅恃地方官恩情,甚为不妥,且极危险。1588年(万历十六年),罗明坚特回欧洲游说各国君主,派遣使节。种种困难稽延,致罗氏于1607年(万历三十五年)卒于萨楼奴(Salerno)。西归目的未达,竟辞此世而长去矣。

罗明坚既卒,中国传教事业,仍进行不已。1589年,在肇庆被逐。乃往韶州别立教堂。耶稣会人仍用其高深之算学、天文、机器学,以得中国士大夫之信仰。利玛窦等初入中国,皆衣佛教僧人之服。一则使人不注意,二则使人知其为传道师也。不久即知僧人在中国社会中地位不高,士人为全社会中最要之分子。因此更改原来僧服,而用中国士人之服。利玛窦欲至北京,谋取朝廷之允可,俾传教事业有法律上之认可。初次努力,仅得至南京。不久被人反对,南归至江西省城南昌暂居。1598年(明万历二十六年),经二十年继续不停之努力,耶稣会在澳门以外地方,仅有会士七人,教堂三所而已。会友死亡者甚多,而对中国所予之印象极微。在他人必已失望,但利玛窦仍忍耐从事,绝不灰心。谋欲达北京。曾从某部尚书至北京。入城后,不久即被遣南归至南京。得地方官允许久居,从事结交士大夫,颇得信徒。有徐光启者,心襟尤宽,为明末学术界改革之先锋。徐氏曾入相。从利氏游,改奉天主教。自是为教中柱石,忠于所宗。以其高位,文学谋略,对于宗教尽力辅助。光启有女,教中人称之为康狄达(Candida),亦崇奉耶稣。早年孀居,献身传教,其功尤伟。氏使间巷说书人学习基督福音,再演之于下级社会,使众周知。今代中国耶稣会教育之中心,在上海徐家汇徐氏故宅,盖即纪念徐氏也。利玛窦坚忍不拔,经多年困苦,遂于1601年,达其所希望之目的地北京。得政府允许,可久居其地。利玛窦在北京所施用之方略,一如在他城所行而获大效者,以其所知之欧洲科学交接士大夫。利氏并利用余暇,极力攻读中国四书五经。宣彼教时,极力引用中国经典,以博中国士人信仰。因之中国达官显宦,多与之游。为之请于朝廷,给禄赐第。利玛窦及其徒在北京之优越地位,对于全中国有良好影响。自是各处皆开放门户,欢迎天主教教士。多年所希望之结果,竟如愿收获矣。韶州教会亦进步甚速。附近城邑,增设教堂多所,收录教徒日多。用庄严典礼,公开施洗,民众亦不反对矣。教徒未入教之先,依教师言,忏悔前恶,或自制忏悔辞。在北京竟有达官显宦、翰林学士,以及天潢贵胄,皆来受洗。1605年(万历三十三年)时,北京共有新教徒二百余人。耶稣会人来中国者日多。在澳门设立学校,专为训练本地传教师之用。1606年谣言纷起,谓葡萄牙人勾结耶稣会士谋叛。澳门贮藏军火甚多。事成推教士郭居静(Cataneo)为帝。澳门附近人心惶惶。地方官戒备。教士稍受虐待。北京亦觉不安。但不久即平。1610年(万历三十八年),由徐光启之介绍,在上海立新会。此年利玛窦卒于北京,赐葬阜成门外二里沟栅栏地方。丧礼及坟墓,皆依遗命,效法中国人风俗。利氏实为外交家。其在中国传教成功甚大,留印象于中国人甚深。《杭州志》记其人"拳须碧眼,声如洪钟"云。深知欲基督教在中国普遍流行,必须其国文化制度改从西方,或教会必须改革向来教法习惯,以适合中国人生活情形。当彼时,欲求中国改革文化制度,以适合教会,为不可能之事。故彼取后法,改变教法,以应中国环境。此事引起以后礼节上大争论,使耶稣会多年工作,受大打击。而传教事业,亦完全失败,证明利氏所取之策略为是也。利氏临终,耶稣会中友人就床榻前,问"君将死,留吾辈于何地"。利答以"吾留君于一门前。此门开后,有大功勋。但开时不无困难及危险"。此数语证明利氏所处之地位及精神也。利玛窦输入西学之功,亦可推为首。著书有《天主实义》二卷,《畸人十篇》二卷,《辨学遗牍》一卷,《几何原本》六卷,《交友论》一卷,《同文算指》十一卷,《西国记法》一卷,《测量法义》,《万国舆图》,《西字奇迹》,《乾坤体义》三卷,《勾股义》一卷,《二十五言》一卷,《圜容较义》一卷,《浑盖通宪图说》二卷。利玛窦死,天主教初期传入之历史亦告终。此期中,天主教他会如方济各会(Franciscans)、奥斯丁会(Augustinians)、多明峨会(Dominicans)等,亦皆由西班牙人保护,自菲律宾群岛至澳门。试入内地,但俱失败。利玛窦死时,仅耶稣会在澳门以外,有教堂传布福音,他会皆不能也。亦仅耶稣会人对于输入欧化有功,他会皆无也。

利玛窦死,依遗命以龙华民(Nicolo Longobardi)继任。会基已固,各事照常进行,不以更换主任而见阻碍。龙华民为西锡利岛人,家世阀族。1597年(万历二十五年)抵中国。阅历甚多。对中国传教根本政策,有数端与利玛窦大相径庭。然二人交情甚密。故利生时,即荐龙以自代也。传教事业,日渐兴旺。1606年(万历三十四年),熊三拔来华。1610年,有会士六人,自欧洲来华。1613年(万历四十一年)复有四人来华。1616年(万历四十四年),礼部郎中徐如珂、侍郎沈潅、给事中晏文辉、余懋孳等交章弹劾教士王丰肃(Alphonso Vagnovi)专以天主教惑众,一如白莲、无为诸教。且往来壕镜,与澳中诸番通谋。神宗纳其言,令丰肃及庞迪我、熊三拔俱退入澳门。熊三拔以1620年(明泰昌元年)卒于澳门。三拔精天文学。利玛窦特请耶稣会派之来中国助修历法也。三拔死,会中复遣邓玉函(Terrenz)继之。玉函未入教前,俗名施莱克(Schreck)。年三十余,入耶稣会。精岐黄术,闲本草。复善算学。在欧洲时,尝交游意大利国著名物理学家盖利流(Galileo)。深知修历为中国要政。耶稣会人欲免除驱逐,不可不尽力为中国修历。1629年(明崇祯二年),以徐光启之荐,复入钦天监。勤慎从事,克尽厥职。未及一年,至1631年(崇祯四年)5月13日死于职。继其任者为汤若望（Johann Adam Schall von Bell）。若望乃德国科龙城（Cologne）人，生于1591年（万历十九年）。1611年（万历三十九年）入耶稣会。修行勤学后，自请至中国传教。1619年（万历四十七年）抵澳门。时正中国政府排斥天主教，故暂时不得入内地传教。至1622年（天启二年）始入内地。邓玉函卒后，被召至北京修历法。后为会中主任。从汤入北京者，尚有罗雅谷（Jacques Rho），同事数年，卒于1638年（崇祯十一年）。1644年（清顺治元年），李自成破北京，明室亡。清室自东北入关，代主中国。传教事业，不因鼎革而生阻碍，反较前更盛。在北方则清顺治帝留用汤若望为钦天监。恩宠甚隆，颁赐官禄，荫及父母，赐地赏金，建筑教堂，即今北京宣武门内南堂是也。堂成，帝御书碑文，颂扬天主教。碑虽非正式允许奉教自由，而其影响国内甚大也。在南方之教士，随从明桂王者，其势力较之汤若望为更盛。教士瞿纱微（Andrew Koffler，又名Andreas Xavier）、卜弥格（Michael Boym）二人皆受明永历帝官爵。永历嫡母王太后受洗，教名烈纳（Helen），生母马氏教名玛利亚（Maria），妃王氏教名亚纳（Anna），太子慈烜教名当定（Constantine），粤闽总督庞天寿，教名亚基楼·契利斯当（Achilleus Christao）。南明帝室奉教之故，不可确知。谓欲借此可得西洋人之实力相助，以挽回颓势，则不免揣测之辞也。卜弥格奉永历帝命，出使教皇。归卒于安南。瞿纱微在广西为清兵所害。清室统一以后，天主教士来中国者日多。在中国之新信徒亦与日俱增。康熙时，教中各会因"天主"、"上帝"、"天"三译名，以及教徒跪拜帝王长官，奉祀祖先牌位，尊礼孔子等问题，互相攻击。利玛窦曾用"天主"、"天"、"上帝"三名译以西文God。又谓禁止基督徒祭祀山川、佛老两教神祇，以及他种偶像淫祀则可，至若禁及祭祀祖先、孔子，则攻击中国人之国家及家庭,为中国人所最不悦,必遭大反对,而基督教亦不能行也。在中国之耶稣会人士,虽不能全体一致拥护利玛窦之说,而大多数则赞成之也。方济各会、多明峨会、奥斯丁会等,或因会务忌妒,或因国籍不同,情感各异之故,皆一致指斥耶稣会。辨论百余年不熄。1669年(康熙八年)至1703年(康熙四十二年)三十余年间,争论最烈。1700年时(康熙三十九年),耶稣会士请康熙帝解决所争问题。帝意与耶稣会士相同。"中国供神主,乃是人子思念父母养育。譬如幼雏物类,其母若殒,亦必呼号数日者,思其亲也。……况人为万物之灵,自然诚动于中,形于外也。……敬孔子者,圣人以五常百行之大道,君臣父子之大伦,垂教万世。使人亲上死长之大道。此至圣先师之所应尊应敬也。"中国敬天,并非"以天为物"。西洋人"不通文理,妄诞议论。若本人略通中国文章道理,亦为可恕。伊不但不知文理,即目不识丁。如何轻论中国理义之是非。即如以天为物,不可敬天。此即大不通之论。譬如上表谢恩,必称皇帝陛下、阶下等语。又如过御座无不趋跄起敬。总是敬君之心,随处皆然。若以陛下为阶下座位,为工匠所造,怠忽可乎。中国敬天亦是此意"。"呼天为上帝,即如称朕为万岁,称朕为皇上。称呼虽异,敬君之心则一"。(见《康熙与罗马使节关系文书》)会中人将康熙帝意旨及其他中国学者之解说,寄往欧洲。而教皇克莱孟十一世(Clement XI)终不听。卒于1704年(康熙四十三年)11月20日下令禁止用"上帝""天"等字,仅许用"天主"以译 God。教堂内不许牌位上有"敬天"字样。基督徒不许祭祀孔子及祖先。欲祀祖先者,牌位上仅许书祖先之名,不许书"神之位"字样。罗马教皇一令,停止百余年之争论。但在中国如何行使其令。中国为独立国,非他人附庸。行之与已成立之教堂,是否不发生不良结果,教皇等不问也。康熙五十九年,帝见教皇禁令,朱批云:"览此告示,只可说得西洋人等小人,如何言得中国之大理。况西洋人等无一人通汉书者。说言议论,令人可笑者多。今见来臣告示,竟是和尚道士,异端小教相同。比此乱言者,莫过如此。以后不必西洋人在中国行教,禁止可也。免得多事。钦此。"因此教士被逐回国者甚多。天主教在中国自是发展迟缓,毫无进步,几至于绝者一百二十余年。直至道光末,鸦片战争后,借用政治势力及兵力,始得再行。教徒在中国多享特别权利,不守本地法律,倚服教士,欺凌邻间。以力服人者,非心服也。中国人自是对于基督教存一畏惧心理。上等社会不敢接近矣。入民国,教案止息。稍稍复有上等社会人与之过从来往矣。民国十二年,已故《大公报》主笔英华,字敛之,与美国本笃会士司泰来、奥图尔等在北京创办辅仁大学。为天主教在中国第一大学。天主教注重纪律。当此国家社会改造之际,各种学说无限制输入。狂士提倡废孝,而内地无知青年,竟有以杀父为英雄豪杰者。中国人民将流为枭獍矣。天主教人独以道德纪律为倡,未始非狂澜中一砥柱也。

　　路德新教创于16世纪。17世纪末叶(康熙三十年后),欧洲北部奉新教者,有瑞士、德国北部、瑞典、挪威、荷兰、苏格兰、英格兰及威尔斯之大部,爱尔兰之一部。17世纪以前,奉新教诸国,对于海外发展,皆不注意。美洲及亚洲为欧洲南部天主教国家所占领者,皆不许新教传道师居住。此期新教领袖,皆埋头组织教会,争论教义,防卫自己宗教地位,无暇顾及海外传教。17、18两世纪中,德国新宗教家皆谓基督教徒无向外传教之责任也。新教国家之君主,亦无旧教君主之热心,且有反对传教者。18世纪末(乾隆末、嘉庆初），欧洲以外，人群社会中，仅有少数新教传道师。直至19世纪及20世纪，全体新教始活动传教事业。近代欧化之输入中国，新教徒之功高于旧教徒。翻译新书，灌输新知识及各省设立教会学校，自小学、中学以至大学，使中国中上社会子弟，受新教育。在本国有相当预备，得往外国大学或研究院再得高深教育。新教徒之功尤伟也。新教最初传道师来中国者，为英国人玛礼孙（Robert Morrison）。1782年（乾隆四十七年），玛氏生于诺森姆伯伦（Northumberland）。长成于教会家庭中，自幼热心传教。年十五六时，入长老会（Presbyterian Church）。在伦敦为学生时，即已发愿，将来至中国传教。自大英博物馆借得中国书，请某中国人教之。未至中国而中国语言已娴熟矣。1804年（嘉庆九年），自荐于伦敦传教会（London Missionary Society），而英国东印度公司反对传教。不得已，乃往美国。乘美国船往中国，得美国国务卿马第孙（Madison）致美国驻中国领事之介绍函。由纽约出航，于1807年（嘉庆十二年）9月中抵广州。延中国天主教徒二人，再学习中国语言文学。1809年（嘉庆十四年），为使本人在中国地位稳固之故，乃入东印度公司充翻译。1816年（嘉庆二十一年），随英国公使阿美斯德（Amherst）至北京充翻译。第一天主教教士沙勿略尝欲依附葡萄牙国商人、公使入中国，而第一路德新教教士玛礼孙亦利用英国商人、公使以入中国。诚可谓两相映对矣。顾玛礼孙虽为东印度公司翻译，职守不废以外，心中固未尝一刻忘传教大业也。脱离公司，则无所依附。求他途径，而又无门。所幸生性好学，勤苦过人。既无他种方法可以传教，乃专心于文字工作。1819年（嘉庆二十四年），与米内（Milne）二人用浅近文理，译完《新旧约》全书。更著第一部《中英文字典》、《中国文法书》等。大半时间消耗于著述。与中国人交接甚少，故受其洗者寥寥无几。玛氏与其徒在中国传教二十五年，受洗入教者仅十人而已。玛礼孙欲在广州或澳门建一英华学校（Anglo-Chinese College），俾可为传教中心点。但两地皆有大阻障，不得行。乃于1814年在麻六甲（Malacca）择地建舍。斯时新加坡尚未建立。印度以东，在英国人管辖下者，仅麻六甲城而已。麻六甲有华侨数千人。立学校先行教导侨民西方文化。英国人愿学中文及中国文化者，亦可入校。此校实中西文兼授。1818年（嘉庆二十三年）校舍成。玛礼孙自捐英金一千镑为基金，又年捐一百镑为行政费。东印度公司亦年捐若干。初开学时，约有学生二十余人。第一班所习之功课为地理、几何、天文、伦理、英文及汉文。管理者为米内。此校之立，不免超过时代。英国人入校极少，而中国上等社会又不需要此等训练。来学者仅商人或外国人雇员。不久功课改浅。前十五年间，毕业者有四十人。内有十五人受洗。米内卒于1822年（道光二年）。他人继其任。1842年（道光二十二年），《南京条约》签订。学校迁至香港新属地。当时在麻六甲所办者，英华学校以外，尚有印刷局一所，专印新教出版物。又有杂志两种。一为华文月刊，二为英文季刊。玛礼孙卒于1834年（道光十四年）8月1日。寿仅中年。葬于澳门。玛氏无沙勿略或利玛窦之才，但见解甚高，为人诚恳，心思专一，学识渊博，是非判明。新教中罕见之人才也。玛礼孙既卒，其友人为之捐款作纪念。翌年会成，名曰"玛礼孙教育会"（Morrison Education Society）。第一次捐款得美金四千八百六十元。即刻以一部赠之已成立学校数处。又在澳门另成立一新校，校名为玛礼孙学校（Morrison School）。延请美国人勃朗（Samuel R. Brown）为校长。此校后又迁至香港。校中著名学生有容闳、黄宽二人。容、黄二人为中国近代最早留外国学生。容毕业于美国耶鲁大学。下节复有详记。黄先至美国,后至英国爱丁堡大学学医毕业。悬壶香港。为中国最早知西医者。玛礼孙生时,未得见本人志愿得达。死后其友人继承之。九泉之下,亦可含笑矣。

美国脱离英国独立,但对外传教事业,仍多与英国合作。美国教会最早来中国者为公理会(American Board of Commissioners for Foreign Missions)。1829年(道光九年)遣阿拜尔(D. Abeel)及裨治文(E. C. Bridgman)二人来中国传教。1830年2月,二人抵广州。阿拜尔居一年即回美国。裨治文留粤学中国语言。未久,创立一小学,教导儿童,从事著述。1831年(道光十一年)由美国取得印刷机一台。1832年5月,起始发印《中国文库杂志》(The Chinese Repository),目的不独为播布传教新闻于外国人,同时亦宣扬中国法律、风俗、历史、文学及时事于欧美人士。欧美商人在中国者,多不知中国事情而轻视中国。此杂志灌输中国知识于西人,使之了解中国事情,功不浅也。1834年(道光十四年),公理会遣彼得·拍克(Peter Parker)至中国传布医学知识。是为最早教会医生至中国者。1835年在广州立一眼科医院。治愈多人。以前中国人对于西医有各种误解。至是完全铲除。后于公理会来中国者为浸礼会(Baptists)。1836年(道光十六年),歇克(J. Lewis Shuck)氏为该会第一代表人,抵澳门传教,幸运不佳,第一教友不久脱教。歇克非常灰心。会中所给薪俸甚微,不足自养。与他教士,复多龃龉。次于浸礼会来中国者为安立干会(Anglican)。1835年,有洛克吴德(H. Lockwood)及汉生(F. R. Hanson)二人代表该会抵广州。不久至新加坡学习语言文字。数月后,往爪哇巴塔维亚城。1838

年（道光十八年）皆因病回国。该会真正创始代表人为彭恩（William J. Boone），1837年抵巴塔维亚，后至广州。第四美国教会至中国者为长老会（Presbyterian）。此会初与公理会合作。1837年自立董事会。1838年，前美国参议院议员娄丽（W. Lowrie）辞去议员职务，专事传教。先至新加坡，后至中国。《南京条约》以前，仅澳门、广州两埠允许外人居住。故教士输入欧化亦至有限。此期教士工作，仅限于翻译《圣经》及少数杂志而已。

鸦片战后，《南京条约》订立，香港割让于英。广州、厦门、福州、宁波、上海五港，开为通商码头。外国人居住地增加。天主教及路德新教各会活动范围，亦因之大为增加。传教师来华人数激增。天主教将中国划为数区。交各教会分区传教，不相妨碍。耶稣会（Jesuit）不复在北京立总部，而另于上海附郭之徐家汇明代徐光启旧宅，立总会，作活动之总机关。设高等学校教导华人。设图书馆收藏中国旧书。立观象台，测量沿海气候。又立动植物博物院及印刷所，出版中西文书籍。俨然为一学术中心点也。味增爵会（Lazarist）得河南、蒙古、江西、浙江、河北一大部为其传教区。多明峨会（Dominican）得福建。巴黎外国传教会（La Societe des Missions Etrangeres de Paris）得满洲、广东、广西、海南、云南、贵州、四川、西藏等地。方济各会（Franciscan）得湖南、湖北、山西、陕西、山东。各会极为努力。时新教（下方称耶稣教）各会更形活动。输入欧化于中国及使欧美人了解中国事情之功，以前归之天主教；自是渐入新教徒之手矣。英国伦敦传教会（London Missionary Society）将麻六甲之英华学校迁至香港。随学校而来者，有其校长理雅各（James Legge）。理雅各为一著名学者。后为牛津大学教授。曾翻译中国四书五经成英文，介绍中国文化于欧洲。其功甚伟。1847年(道光二十七年)慕维廉(William Muirhead)至上海。译米纳氏(Milner)《大英国志》为汉文。1848年(道光二十八年)艾约瑟(Joseph Edkins)抵上海。氏为有名学者,关于中国有甚多著述,尤精于中国佛学。1850年(道光三十年),美国长老会遣丁韪良(W. A. P. Martin)至宁波传教。丁氏以后为北京政府设立之同文馆馆长。同文馆即今北京大学之前导。教导中国学生以外,著述宏富。尝翻译《万国公法》为华文。输入西学,厥功甚伟。1848年,美国公理会教士卫三畏(Samuel Wells William)之《中国总论》(*The Middle Kingdom*)两巨册著成,传布中国历史、法律、社会风俗于欧美。1847年(道光二十七年),英国外国圣经会遣伟烈亚力(Alexander Wylie)至上海。伟烈知天算。居中国三十年。与中国士大夫交游甚广,著述宏富。有《几何原本续篇》之译。氏输入西洋科学于中国,贩运中国科学于西洋。功亦不浅。1851年(咸丰元年)美国圣公会(Protestant Episcopalians)在上海建一幼童学校,以后逐渐扩张,成今日之圣约翰大学。为中国培造政界、学界、商界人物甚伙。咸丰庚申年(1860),英法联军破北京,逼清帝再订通商传教条约。增牛庄、烟台、台南、淡水、汕头、琼州、南京、汉口、九江、镇江为商埠。教士受保护传教,来者更多。欧化输入更易。商埠中有教会、官吏、商人各团体成立。自此种团体发生各种影响。以后五六十年时间,使中国人思想、政治、社会、家庭各种组织,皆起莫大变化。

由咸丰庚申(西元1860年)至光绪庚子(1900),四十年间,中国外状及欧化输入,无多大变迁。但各方所积之压力,已使中国不能保守旧状,不得不变而欧化矣。此时期有功于输入欧化者为美国长老会驻山东登州牧师狄考文(Calvin W. Mateer)。狄氏于

1864年(同治三年)立文会馆于登州,教育中国青年。近时名人吴佩孚即斯时学生之一也。文会馆以后并入济南齐鲁大学。狄氏精于算学,编有《笔算数学》《代数备旨》等书,为中国三十年前初办学校时,各校所采用之算学教科书也。美国圣公会主教施若瑟(Samuel Isaac Joseph Schereschewsky)于1879年(光绪五年)在上海建立圣约翰书院,以后改名圣约翰大学。近代外交界名人颜惠庆等,皆此校之毕业生也。美国美以美会(Methodist)教士林乐知(Young J. Allen)于1860年(咸丰十年)抵中国。1882年(光绪八年)在上海建中西书院(Anglo-Chinese College)。近代名人毕业此校者亦甚多。此校以后改沪江大学。林氏于1875年(光绪元年),创月刊《万国公报》(A Review of the Times),灌输西国思想于中国士大夫。光绪戊戌以前,中国人所知外国事情,端赖此报。林氏尚有《中东战纪》等书之辑,极力鼓吹中国须变法维新,与戊戌维新党人来往甚密。美国长老会教士李佳白(Gilbert Reid)于1894年(光绪二十年)在上海立尚贤堂(The Mission among the Higher Classes of China,1897年更名 The International Institute of China,中文名仍旧)。专务交结中国上等社会。得中国总理衙门之赞助。用演讲及出版物,灌输西洋文明于中国士大夫。传教目的未达,而传播西洋科学之功,固不可泯也。英国浸礼会(English Baptist Missionary Society)教士李提摩太(Timothy Richard)1845年(道光二十五年)生于威尔斯。1870年(同治九年)来抵中国。先至山东青州传教。时山东风气未开,反对传教。氏以坚忍精神,卒得久居。其传教方法,亦如明末利玛窦。以不变中国风俗,交结上等社会入手。活动范围甚广。宗教以外,注意改良中国经济及学识。1877年(光绪三年)至1879年(光绪五年),山西大饥。氏往放赈之外,教地方官民以开渠、植树、农矿诸事。俾可永久免除荒旱之灾。留山西八年，用出版品及演讲，结识士大夫，免中外隔阂。氏甚赞美中国文化，而西国科学有利于中国国计民生者，亦极力介绍。主持广学会（Society for the Diffusion of Christian and General Knowledge）多年，出版书籍杂志甚多。尝与上海人蔡尔康合译马恳西之《泰西新史揽要》（Mackenzie's History of the Nineteenth Century）。卖出一百万部以上。翻版及节本者尚不在内。每当各省科举乡试，士绅群集之期，该会运至各省城，推销其出版品。故士绅获得新知识，皆斯会之功也。戊戌维新党首领，康有为、梁启超，皆与氏为莫逆交。梁氏且曾为氏之短期记室。广学会经费，不独英美人士慨然解囊，即中国之达官显宦，如李鸿章、张之洞、聂缉规等，亦皆踊跃输将。光绪帝亦曾读会中出版书。故延氏至北京为顾问。义和团乱后，氏请英政府留赔款五十万两银于太原府，立山西大学，教育华人，启发新知识，庶可免其将来之排外。英政府许之，任命氏全权管理山西大学。十年以后，再交还大学于中国。第一任校长为敦崇礼（Moir Duncan）。斯即今日山西大学之起始也。自明末有西洋传道师以来，功业之伟，未有如李提摩太者也。英国人傅兰雅（John Fryer）1861年（咸丰十一年）抵香港，充圣保罗书院（St. Paul College）教员。后江南制造局请之与华人合译西书。范围甚广。所有算学、化学、生物、物理、地理、音乐、身理、卫生、天文、历史、哲学、神学、教育、法律等学，皆有译本。直至如今，其所订名辞（如氢气、氧气之类），尚留于人口不可废也。又有教士受中国政府之聘，代中国组织学校，充教务长者。如天津西沽北洋大学之成立，在光绪二十一年。实盛宣怀于中日战后，延请美国教士丁家立（Charles D. Tenney）所组成。中国专科大学当以此校为始。丁氏先在山西公理会传教,后至天津充美国领事馆翻译及副领事,并在李鸿章家授李经楚英文。上海徐家汇南洋公学,亦为盛宣怀延美国教士福开森(John C. Ferguson)组成。教成人才甚多。当时科举未废,本国人留学外国者少。专科大学课程编配,专赖外国人之指导。美国教士尤多竭诚尽职。翻译书籍,组织学校以外,各教会在中国各地设立印刷所,印刷书籍与宣传品。其技术与组织法,给中国人以莫大影响。即如今国中最大之书局,商务印书馆之创始人,亦自教会印书馆学得其技能也。在欧化输入中国之初期,教士之功,诚不可泯。庚子义和团乱后,本国东西洋留学生大增。欧化输入之功,乃由教会手中移归本国人矣。犹之汉魏以后,印度佛教之传入中国,初期皆为外国人,以后乃有本国人,如法显、玄奘、义净也。今代教会中人输入欧化于中国,虽已让首功于中国留学生,但输出中国文化于欧美,著书立说,使欧美人了解中国事情,仍常占第一位也。各处教会所立之大中小各级学校,皆颇为中国士大夫所信任。良以本国政治无常轨。各级学校,皆受政治影响。经费不裕。校长教员,随政潮为进退;一岁之中,数次换人。人怀五日京兆之心,不知职任为何物。学生投入政党,甘为政客攘夺之工具。以奔走运动,虚伪嚣张为习尚,读书实验为可耻。在此时期,教会学校,仍本其良心职任以行。校规严明。学生尚能安心读书,实事求是。大为中国社会所尊视。

(参考 K. S. Latourette, *A History of Christian Missions in China*;G. G. Hudson, *Europe and China*; Couling, *The Encyclopaedia Sinica*;康熙与罗马使节关系文书;樊国梁《燕京开教略》。)

第四节　中国人留学及游历外国

　　自明武宗正德时,葡萄牙人东通中国后,欧洲商贾教士至中国者甚多,前二节已言之矣。而中国人往西洋者,究有若干人欤?留学生为输入欧化最要之媒介,不可不有专节论之也。中国最早往欧洲留学者,似为郑玛诺。玛诺字惟信,广东香山墺人。自幼往西国罗马京都,习格物、穷理、超性之学,并西国语言文字。深于音学,辨析微茫。康熙十年,辛亥,来北京。十三年甲寅卒。墓在阜成门外滕公栅栏。康熙时有马公玛窦者,意大利人也。泛海三年始至中国。后敷教北京。以丹青、天文驰名。康熙帝以宾礼待之。每与帝游,极其礼爱。后设帐于京。及圣祖崩,马公请归。上问其所欲,对曰:"愿得英才而教育之。"上忻然允诺。及归至那波利港(Naples),乃以立书院之事请命于王。王许之。爰建高馆于城内,名"圣家书院",亦名"中国学馆"。专教华人。嗣后华人往者颇不乏人。大率湖北人,往其处学习宗教也。道光三十年,有苏人陆霞山与同志二三人,航海西经缅甸、印度、阿非利加、法兰西、西班牙,抵意大利那波利府。肄业于圣家书院八年。至咸丰七年,返棹回国,充楚北司铎。宗教家皆主静修,独善其身。不愿多与外界交游,不注意政治学术。故鸦片战前,由中国往欧洲留学宗教者,虽代不乏人,而求其有影响于中国文化则甚微也。清代康熙、雍正、乾隆三朝盛时,外国使来中国者甚多。教化王(即今之教皇)之使亦曾数至。然清朝在此一百三十余年长期间,竟未一次遣使浮海至西欧,采风问俗。诚可异也。嘉庆间,有嘉应州人谢清高,从贾人走海南。遇风,覆其舟。拯于番舶。遂随贩焉。遍历南洋、印度洋、欧洲、美洲、太平洋诸地而回。其乡人杨炳南为之记,颜名曰《海录》。谢氏为近代最先中国游历家至欧美者。《海录》所记,不过风土人情与商况。至若政治、宗教、学术,非其所及也。书中无特别记载,可以引起人注意者。故书出版于世,无多大影响也。最先留学生回国后,在政治上有影响者,当推粤人容闳氏,字纯甫,1828年(道光八年)11月生于距澳门西南可四英里之彼得岛南屏镇。1841年(道光二十一年)进玛礼孙学校。1847年(道光二十七年)1月4日,随校长美国人勃朗(S. R. Brown)经印度洋、好望角、圣希利那岛,渡大西洋而至美国纽约。共行九十八日。至是年4月12日达目的地。同行者尚有黄胜、黄宽二人。三人共入美国麻沙朱色资州(Massachusetts)之孟松学校(Monson Academy)。1849年(道光二十九年),黄胜因病返国。容等期满,因资助者欲二人去英国苏格兰爱丁堡习专门。黄宽乃去英,学医七年,以第三名毕业。1857年(咸丰七年)归国悬壶。1879年(光绪五年)逝世。容不愿去英,以乔治亚省萨伐那妇女会之助,及自己工作所入,得留美。1850年(道光三十年)入耶路大学(Yale University)。1854年(咸丰四年)毕业该校。斯年11月,由美起行,复经好望角返国。初营商。1860年(咸丰十年)至南京谒洪秀全之侄干王。说以七事,冀太平军之能用其言而改造中国。但结果不能如其所期。仍为茶商,往来皖赣各省。特别注意社会现象。1863年(同治二年)正营业九江,曾国藩幕友张世贵、李善兰(壬叔)等相召。是年8月至安庆见曾。10月,奉曾命去美购机器。1865年(同治四年)春,携机器返国。置厂上海,即今江南制造局也。已而复说曾于厂旁立广方言馆。招学生肄业其中。授以机器工程上之理论与实验,以期中国将来不必需用外国机器及工程师。此校以后造就人材甚多。又上说帖于江苏巡抚丁日昌。条陈四则：一，中国宜组织一合资汽船公司。公司须为纯粹华股，不许外人为股东。即公司经理职员，亦概用中国人。二，政府宜选派颖秀青年，送之出洋留学，储蓄人材。派遣之法，初次可先定一百二十名学额以试行之。此一百二十人中，又分为四批。按年递派。每年派送三十人。留学期限，定为十五年。学生年龄，须以十二岁至十四岁为度。视第一、第二批学生出洋留学著有成效，则以后永定为例。每年派出此数。派出时，并须以汉文教习同往。庶幼年学生在美，仍可兼习汉文。至学生在外国膳宿入学等事，当另设留学生监督以管理之。三，政府宜设法开采矿产以尽地利。矿产既经开采，则必兼谋运输之便利。凡由内地各处以达通商口岸。不可不筑铁路以利交通。四，宜禁止教会干涉人民词讼。以防外力之浸入。四条皆为当时切实要务。惜至1870年（同治九年）始得机会，蒙曾文正将其第二条入奏。得准。于是组留学事务所。设监督二人，汉文教习二人，翻译一人。监督为陈兰彬及容闳。学生暂定为一百二十人，分四批，每批三十人。按年分送出洋。学生年龄定为十二岁以上，十五岁以下。在上海先立一预备学校。北方风气未开。1871年夏，第一次招考竟未足额。乃往香港英政府所设学校中遴选聪颖少年。故一百二十名官费生中粤人竟十居八九。1872年（同治十一年）夏季之末，第一批学生三十人，渡太平洋赴美国。立留学事务所于哈特福德（Hartford）。1876年（光绪二年），陈兰彬升任驻美公使，荐吴子登（名惠善）自代。吴性情怪僻。为人好示威，一如往日之学司。接任之后，即招学生至使署中教训。各生谒见时，均不行跪拜礼。监督僚友金某大怒。谓各生适异忘本，目无师长。固无论其学难期成材,即成亦不能为中国用。具奏请将留学生裁撤。容闳力争无效。卒于光绪七年,一律撤回。此为中国政府第一次派赴美国留学生之经过也。后人对于此次留学生之成绩,毁誉不一。大抵毁之者多,誉之者少。要其成绩无多之故,则学生年龄太轻,本国情形不熟,国学全无,在外国亦仅在高等学校修业,并未得进大学,学有专长也。其中有数人以后成专家者,盖于调回后,第二次自费往美,毕其所业也。又约有十人,终身留美不归。人人皆有一西妇。无怪监督吴子登谓其即学成,亦不能为中国用也。然政界上以后多一批翻译官,办洋务人员,未尝不无功绩可述也。

以后光绪二年(西元1876年),李鸿章派天津武弁七人,随德人李劢协去德学习陆军。以三年为期。是为赴欧留学之始。光绪三年二月,李鸿章奏准,派遣福建船厂学生及艺徒三十名,赴英法两国学习海军与制造。以法人日意格为洋监督,道员李凤苞为华监督,马建忠为随员,陈季同为文案,罗丰禄为翻译。此次学生成绩,颇有可观。有数人以后在军界或在学界,皆为名人。如萨镇冰为海军界之名宿,严复为输入西洋哲学之先导也。光绪七年,并由李等奏请续派船厂学生十名去英法学习。以后即停止。光绪十六年四月,由总理衙门奏准出使英、俄、法、德、美五国大臣,每届酌带学生二名,共计十名。均以三年为期。光绪二十一年,再奏派学生分赴俄、英、法、德各四名,共计十六名。惟所派学生均以襄赞使署公牍为务,无暇求学。实不能谓为留学生也。

甲午(西元1894年)战后,中国自知国力远逊日本。日本以前,步趋中国。明治维新以后,模仿西洋。一举而为强国,自有其长,可作中国之镜鉴也。日本距中国近,费用较西洋为轻。文字障碍,亦较西洋为少。故往日留学者甚众。官费之外,自费尤多。最盛之时,达万余人。日本固非西洋之国,但中国留学生所学者,皆日本人自西洋贩来之西学。此间接输入之欧化,较之直接自欧美输入者为尤要。一则留日人数众多;二则文字相近,驾轻就熟故也。清末革命之演成,几全为留东学生之功绩。今国中所用之新名辞,全自日本输入。每年出版书籍,多自日文翻译。三十年来,中国文体变迁,当导源于日本。大小工厂中技师,亦多留日毕业学生。法庭中判官,多为归自日本法政学生。中国每年所受精神上之刺激与兴奋,悉来自日本。殷忧所以启圣。彼所给吾人之刺激,或为起死回生之针灸也。考中国派遣学生去日留学,始于光绪二十二年(明治二十九年)。当时公使裕庚氏经日本政府以学生十三人依嘱高等师范学校校长嘉纳氏。嘉纳使同校教授本田增次郎氏当其事。更又聘教师数人,开始日语日文,及普通学科之教授。此等留学生中或罹疾患,或因事故,致不得已而半途回国者,往往有之。有六名皆以良绩卒三年之业。公使李盛铎续送数名。鄂督张之洞,亦相继咨送。于是嘉纳氏以三矢重松氏充教育主任。此等学生亦以良成绩卒其课程,进修专门之学。光绪二十七年(明治三十四年),北京警务学堂亦简派警察学生数十人,以托其教育。光绪二十四年,始由政府令各省选派学生,留学日本。倡此议者,为日本驻京公使矢野文雄。首先赞成此议者,为御史杨深秀。中国学生到东后,不通语言文字。日人高楠顺次郎于明治三十一年六月(光绪二十四年),首创日华学堂,专为中国学生补习语言文字,及各种学科,肄业期限约一年。再进帝国大学,或专门学校。自此以后,各省均派遣学生赴日。私费前往者更多。义和团乱后,变法之要求益切。一切新政,均须人办理。各省竞派。自光绪二十七年至三十二年五六年间,留日学生达万余人。为任何时期与任何留学国所未有。各科学生中,尤以日本士官学校毕业者,影响于中国近二十余年之历史为巨。辛亥革命,推翻清室,造成共和。士官学校毕业生率领新军响应之功,当推为首。而二十年来,分崩割据,日事阋墙,置国事于不顾,使生民涂炭,如水益深,如火益热,求生不能,求死不得者,亦士官学校毕业武人之赐也。

　　光绪三十四年(西元1908年)5月25日(阳历),美国国会通过以一部分之庚子赔款,退还中国之议案。咨请大总统酌定以何时与何种情形交还中国。是年12月28日,美大总统令,除扣去实应赔偿之款外,均行退还。遂由美国财政部详核决定,中国实应赔偿之数,为13 655 492金元,另保留二百万金元,为或有未经查出应偿之款之用。此外悉数退还。其保留之二百万金元,续经查明,应扣付838 140金元。其余均仍交还中国。美国既退还后,中国外务部即与驻京美使,商定派遣游美学生办法。初四年,每年遣派学生约一百名赴美游学。自第五年起,每年至少续派五十名。在北京西郊清华园地方设立清华游美预备学校。约容学生三百名。延美国高等初级各科教习。所有办法,均照美国学堂,以便学生熟悉课程,到美入学,可无扞格。清华学校成立于1911年(宣统三年)。而美国退还庚款,则始于1909年。故在清华未成立及未有毕业生以前,于1909年8月,1910年,1911年7月,举行招考试验。所考之科目,皆准当时中学毕业入大学所需之程度。此三年考取之人数,计第一年四十七人,第二年七十人,第三年六十二人。以后继续派送该校学生。至1924年,已达六百八十九人。清华成立以后,赴美官费生日多,因为人多之故,回国后在社会上势力颇大。私费生往美者,亦大增。今日中国学生留学外国者,以日本最多,美国次之。在欧洲者,以法国最多,德国次之,英国又次之。但较日美二国，皆远逊也。各国皆有其特长，而亦各有其弊。日本密迩中国，文字风俗相近。留日学生可以时常回国。故熟悉本国情形，不忘本国文字。日本人能耐苦。饮食起居，皆极俭朴，甚有较中国中等社会尤俭者。中国学生久留日本归者，物质之欲望不奢。回国作事，无扞格隔膜之弊。中日两国比邻，冲突时有。在日留学者，无日不受日人之轻视刺激。故学生时代，爱国心较欧美留学者为切。因之言论举动，亦较为激烈。清末革命，不惜以生命为牺牲，前仆后继，视死如归，此留学日本之利，非他国所能及也。然中日两国既相为邻。而日人对于中国之事，纤悉皆知。处心积虑，破坏中国国家组织，以便从中渔利。清季煽动中国学生，排斥满人，推翻清室。甚至有投入中国革命军，协助革命者。彼其人果真欲吾人革命成功耶？抑将别以求其所大欲耶？日人评论中国文明人物，皆别具心肠。使中国无自信之力。而中国人不察，反以为真确无误，亦自攻其祖。入民国后，忽而唆使袁世凯为皇帝，忽而协助蔡锷以抗袁，忽而挑拨南北感情，忽而助奉军入关，忽而出兵拦阻北伐，实皆彼多年阴谋计划，至此实现。中国上下皆堕其术中，而不知悟。此则其弊也。美国物质文明发达为世界最。各种机械学，可称无匹。其国富厚，亦称为首。美国大学课程表，学校多已为学生编配妥当。不似欧洲之选择自由，反使中国学生之初入学者，茫无头绪。欧洲学校有所谓"读书自由"，而美国大学则主严格训练。美国学校毕业以后，出世应用之学，皆已完备。今国中各机关内，多半为美国学校出身者，他国所不及也。但美国富厚，既冠于世界，而奢侈之风，亦为他国所不及。衣食行住，穷极奢华。中国学生久居美国者，习于美国人之生活。骤然回国，见本国各事简陋，辄生鄙弃。小事不屑为，大事不能得。欲望不遂，而生愤恨。

爱国之心，职任观念，随之削减。甚至诋本国为半开化者有之矣。美为民主政治国家。民主政治（德模克拉西）诚为理想之良好政治。但中国人天生为中国人，非可一朝一夕化为美国人也。自美国或英国输入民主政治于中国，完全不适中国民情，酿成今日之大乱，是则其弊也。

（参考韩霖、张赓：《圣教信证》；郭连城：《西游笔略》；洪勋：《游历闻见录》；容闳：《西学东渐记》；舒新城：《近代中国留学史》。）

第二章　有形欧化即欧洲物质文明之输入

第一节　军器事业

铸炮改良　各种有形欧化中,最早受欧洲人影响者,实为铸炮术。据《续通考》所载,中国最初用火药及炮,为金哀宗天兴二年(西元1232年)。金主奔归德,金将官努尝以火枪破敌。其制以赭黄纸十六重为筒。长二尺。实以柳灰、铁汁、磁末、硫磺、砒硝之属。以绳系枪端。军士各悬小铁罐藏火。临阵烧之。焰出枪前丈余。药尽而筒不尽。元兵不能支,大溃。此即世界上最初用火品之战争也。以后元人探知之,亦用以攻金哀宗于蔡州。史弼、高兴征爪哇时,尝遗留数炮于其地。其造法不传。后亦罕用。《明史》谓其得自西域者误也。古所谓炮,皆以机发石而已。明成祖平交趾,得神机枪炮法。特置神机营肄习。制用生熟赤铜相间。建铁柔为最,西铁次之。大小不等。大者发用车。次及小者用架,用桩,用托。大利于守,小利于战。随宜而用为行军要器。永乐十年以后,北方沿边要塞各山顶,皆置五炮架以御敌。然利器不可示人。朝廷亦慎惜之。宣德五年,敕宣府总兵官谭广,神铳国家所重。在边墩堡量给以壮军威。勿轻给。正统六年,边将黄真、杨洪立神铳局于宣府独石。帝以火器外造，恐传习漏泄。敕止之。景泰时，应州民师翱制铳有机。顷刻三发及三百步外。天顺八年，延绥参将房能破贼麓川，用九龙筒。一线燃则九箭齐发。请颁式各边。西洋人未抵中国前，中国铸炮铳术之发达史，约略如上。西洋人用火药炮铳于战争，最早为1346年（元顺帝至正六年）英法两国克莱西（Crécy）之战争。考据家谓其术传自东方中国。西洋人得其术虽迟，而铸造发达改良，则较中国为速。中国人得一法，死守不变。政府重文人，轻百工。社会亦以为尚。对于发明人绝无奖励鼓舞之事。故发明人死后，其术即绝。他人无从为之改良。葡萄牙人、西班牙人抵印度洋沿岸及菲律宾群岛，其能战胜各国，征服土人，全赖火器之功。据西史所载，南洋各国当时亦有炮。但射程远逊欧人。马雷人炮弹不能达欧人，而欧人自船上所发之炮，能破毁马雷人之炮台。是以所至无敌。明末，中国炮铳之落后，亦不下马雷人。不与欧人冲突则已，一有冲突，无不败衄。明人亦知其然。正德时，葡船至广东白沙，巡检何儒得其制。以铜为之。长五六尺。大者重千余斤，小者百五十斤。巨腹长颈。腹有修孔。以子铳五枚，贮药置腹中。发及百余丈。所击辄糜碎。嘉靖八年（西元1529年），始从右都御史汪鋐言，造法郎机炮。谓之大将军。发诸边镇。其后荷兰人至，其炮更大。曰红夷。长二丈余，重者至三千斤。能洞裂石城，声震数十里。万历二十年，日本关白丰臣秀吉寇朝鲜。明兵御之，得力于炮铳者不少。满洲兵起，炮铳亦多所利用。清太祖努尔哈赤即在宁远城下，为袁崇焕自葡国输入之巨炮所击伤而致死也。时葡人在澳门立铸炮厂一所，可造各种钢铁炮。天启二年，明廷遣使至澳门，命耶稣会士罗如望（Joannes de Rocha）、阳玛诺（Emmanuel Diaz）、龙华民（N. Longobardi）等制造铳炮。次年召用艾儒略（Julius Aleni）、毕方济（G. Sambiaso）等。于是至者，不仅教士，即凡在澳门之外人，俱随之而来。或制造武器，或驰驱疆场。崇祯十二年，毕方济上疏，有云："臣蒿目时艰，思所以恢复封疆，而裨益国家者。一曰明历法以昭大统。二曰辨矿脉以裕军需。三曰通西商以官海利。四曰购西铳以资战守。盖造化之利，发现于矿。第不知脉苗之所在，则妄凿一日，即虚一日之费。西国格物穷理之书，凡天文、地理、农政、水法、火攻等器，无不具载。其论五金之矿脉。征兆多端。宜往澳门聘招精于矿路之儒，翻译中文，循脉而细察之，庶能左右逢源。广东之澳门商人，设店贸易。纳税已经百年。偶因牙侩之争端，遂阻进省之贸易。宜照旧令其进省，以充国用。西铳之所以可用者，因其钢铁皆经百炼。纯粹无滓。故为精工也。天启元年，边疆不靖。从兵部奏请，准购用西铳，募用西兵。以此臣辈陆若汉（Johannes Rodrigues）等二十四人，进铳四尊。缓急击敌，屡著奇功。更乞敕从澳门，聘招熟于制铳之西士数人。使授以制药点放之术，摧锋破敌之奇。并使精于推历之西士数人，襄助历局之事务"云。此疏即上，明廷因东北患急，遂倾信其言。然明廷政治腐败，人心瓦解，虽有利器，不足以救亡，反以资敌也。清室入主中国，教士又助清室铸造铳炮。康熙十二年，吴三桂叛。比国教士南怀仁（F. Verbiest）于二三年间，共铸大小铁炮百二十门，分配于陕西、湖广、江西等省。二十年，更铸轻便欧式之神武炮三百二十门。在卢沟桥试放。帝亲莅阅。大加赏赐。又编《神武图说》一书。中分理论二十六，图解四十四。说明铳炮之详细而进呈于帝。遂赐以工部右侍郎之职衔。西洋铳炮之锐利，有明末清初之试验，中国人似宜深知之而自己学习铸造，或更改良，精益求精，殊可青胜于蓝矣。乃事有大谬不然者，以前所得之经验,不久即忘于九天之外。中国大部军队所用之军器,仍不外弓矢刀矛诸物。直至清末,中日战争时,西国枪炮,尚未尽能驱弓矢刀矛而代之也。"百工小技"之错误观念,深中于人心。虽至今犹然也。道光时,鸦片战争,中国军队,铳炮不如人,亦为失败一大原因。咸丰间,洪杨盘据江浙。李鸿章利用外洋输入火器,攻下苏、常。于是曾国藩等于1865年(同治四年),在上海立江南制造厂,制造枪炮,并附设兵工学校,培养兵工人才,翻译西国科学书籍,灌输外国智识。与江南制造局同时设立者,又有南京机器局。董其事者,为英国人马戛尔特尼(Macartney)。1866年(同治五年)福州兵工厂成立。主其事者,为法国人基克尔(M. Giquel)。以后广州、成都、杭州、汉阳、德州、西安、济南、迪化、云南各地,皆有兵工厂。然皆规模狭小,每日制造数万粒子弹,数十支枪而已。入民国后,又有巩县、太原、奉天三兵工厂,规模略大,然较之欧美不过小巫比大巫耳。各兵工厂所用原料,亦皆来自外国。本国不能自给也。欧美最近之军器,几于无人过问。国家自强,最要之兵工制造厂,忽略乃至如此。希望不为强邻所蹂躏,岂可得哉?

(参考《明史》;《续文献通考》;稻叶君山:《清朝全史》;Couling, *Encyclopaedia Sinica*。)

第二节 学术事业

历法改良 历为中国自古要政。尧时尝命羲和主治历象。定

第二章　有形欧化即欧洲物质文明之输入

一岁为三百有六旬有六日。以闰月定四时。自是以后，历代以奉正朔为天下臣服之表示。国中农桑庶务皆依历得成。于是制定历法，为最要之政。而中国古人以仪器及测量算计之不精，由上古迄明末，中间四千年，历法迄未能制得精密，长久不变。每阅百余年，则节候乖戾，交食不验，必须修改。元时西域嘛塔把历法输入中国。故在燕京，同时有中国钦天监，及回回钦天监。其法较中国为密。同时，中国天文家郭守敬修订前法，亦最精密。明太祖时作大统历，亦参用回回法。至明末复多疏舛，日食有谬，回回历算法，仍有不精之点也。

历者，记一年之中时光节候之次序、长短、详细分划。俾各种天象，如日蚀、月蚀或夏至、冬至，皆能于预定时日，测知之也。若不能预知，或测定而不验，则失历之功用，其历必有错误而须修改也。历所依据之时候，根本有三种：一为日，二为月，三为年。日者，地球于若干时内，自转一周。此为最短之时候。太阳出，则人与禽兽皆醒而动作。日入，则就寝休息。一日之长短有定。虽最精之天文仪器，未能测得有何变化也。因其固定，故天文家取之以为单位。月者，最初本为太阴，绕地球一周所需之时候。年者，地球绕太阳一周所需之时候也。设使一月所含之天数为一整数，而一年所含之月数，亦为一整数，则历自易定。不需历代名家劳神费力，测验计算，修改而复修改，至今尚未能一决而永远不变，历代史亦可不必有天文志矣。但太阴绕地球，与地球绕太阳，其时间关系，并无一定整数之比例。故从古至今，各国各民族，皆有无数名人，用尽心思，求一方法，以除去此困难也。上古草昧之世，温寒两带居人，所最先感觉者，即四季气候变迁之有一定时日也。但用气候变迁，以确定一年之长短，最不易为，且不能确。故古人不能不求助于天文观察与测验。最简之天文观察,即四季气候变迁,与太阳在天空所经之方位角度有关系。即在天空万千星中,太阳每年自绕其轨道(黄道)一周。周而复始也。第二观察,即每季当日出或日落时,各有一定星辰,出于天空。因之发生两种方法,以量一年之长短:一为测定太阳经过赤道之时间,即此次春分,或秋分距下次春分,或秋分之时间(或用两次夏至,两次冬至之时间亦可);二为测定某星辰再现一定方位之时间。第一法测定者为赤道年(Equinoctial year);第二法测定者为星年(Sidereal year)。二者所得,略有不同。赤道年为三百六十五日五时四十八分四十六秒。星年为三百六十五日六时九分九秒。均数约为三百六十五日零四分之一$\left(365\frac{1}{4}\text{days}\right)$。此即地球绕太阳一周所需之时候,又曰太阳年(Solar year)者也。太阴绕地球一周,即两次新月中间时候,确数为二九·五三〇五八天数。约为二十九日半$\left(29\frac{1}{2}\text{days}\right)$。亦曰太阴月(Lunar-month)。此数之最近整数为三十。新月发现十二次,所需时候约为三百六十日。较之地球绕太阳所需时日,仅缺五天半耳。故自古以来,各国各民族,皆以十二月为一年也。所欠缺之数,各国各民族,用各种方法补足之。有设法更换一月之长短者。又有变更一年之长短者。亦有将所缺乏天数,加在年终者。所难者,日、月、年三种时候之真确长短,无一共同之除数,可使日数化成月数,或年数,或由月数再成年数,无余数也。舍余数不计,一年之间,固无多大错误。但若积之数十年,或百余年,则所差之数甚多。节候自然乖戾,交食自然不验矣。各民族多取一长周期,数年或十余年,使其日月二数之比例,成一整数。置若干大月与小月以调剂之。古代希腊人取二百三十五月为一周数。此中有一百二十五月为大月。每大月有三十日。一百十月为小月。每小月有二十九日。依此推算,二百三十五月,共有六千九百四十日数。二百三十五次新月所需真确时间为 $235 \times 29.53058 = 6939.688$ 天数。此一周期之日数,较之所真需者约少三分之一日。积七十年则少一全日。回回教徒取三百六十月为一周期。此中有大月一百九十一,小月一百六十九。大月小月轮流配置。第一月三十日,第十二月二十九日。一周期之日数,共一万六百三十一。三百六十次新月所需日数为 10631.0116。所差之数,积八十七周期,或二千六百十年,始缺一全日。至期将第十二月加一日成为三十日。回回人之发明,较之希腊人优多矣。古代中国人所用者,为太阳太阴合历(Luni-Solar year)。以天体周围为三百六十五度四分度之一。绕地左旋。常一日一周而过一度。日丽天而少迟。故日行一日亦绕地一周。而在天为不及一度。积三百六十五日九百四十分日之二百三十五而与天会。是一岁日行之数也。月丽天而尤迟。一日常不及天十三度十九分度之七。积二十九日九百四十分日之四百九十七而与日会。十二会得全日三百四十八。余分之积又五千九百八十八。如日法九百四十而一得六。不尽三百四十八。通计得日三百五十四。又九百四十分日之二百四十八。是一岁月行之数也。岁有十二月。月有三十日。三百六十者,一岁之常数也。故日与天会而多五日。九百四十分日之二百三十五者为气盈。月与日会而少五日。九百四十分日之五百九十二者为朔虚。合气盈、朔虚,而闰生焉。十有九岁七闰。则气朔分齐。是为一章。罗马之儒略历全以太阳作准。每四年为一周。三年有三百六十五日。第四年有三百六十六日。《尧典》所谓期三百有六旬有六日者即此也。耶稣降生前四百三十三年（周考王八年），希腊人梅通（Meton）发明六千九百四十日为一周期，可以分作二百三十五太阴月（Lunar Month），同时又可分作十九太阳年（Solar year）。此二百三十五太阴月中，一百二十五为大月；月三十日。一百十月为小月；月二十九日。总共凡六千九百四十日。其与太阳年之比较，可于下表见之：

		日数	小时	分
235	次新月需时	6939	16	31
19	儒略年需时	6939	18	0
19	真正太阳年需时	6939	14	27

由此表观之，6940日之周期，较之确数略长数小时。二百三十五次新月所需时候，较之儒略历十九年，每年三百六十五日零四分之一者略少。较之真正太阳年则略大。再次则将二百三十五太阴月分作十九年。其中有十二短年。每年有十二月。七长年，每年有十三月。其有十三月之长年，大概为第三，第五，第八，第十一，第十三，第十六及第十九等年。其第一，第二，第四，第六等年则皆短年也。大月小月轮流配置。惟每阅二三年须将小月减一而换以大月，俾于一周期内有大月一百二十五，小月一百十也。梅通所发明之周期，六千九百四十日，较之二百三十五太阴月，或十九太阳年，皆略长数小时。后又有喀里勃斯（Callypus）者略加修改，以求更密。乃于每四周期后，删去一日。四周期合二万七千七百五十九日。分为九百四十月，七十六年。此即儒略年（Julian year）也。七十六年后，新月发现，始有六小时之错误。喀氏若自第三周期，某年某月删去一日，则更近确情矣。

利玛窦居北京时，深知历法与中国政治之重要关系。致书欧洲耶稣会,请派一最良天文家来中国,俾以后助中国政府修改历法。耶稣会乃遣熊三拔(Sabbatino de Ursis)东来。在1606年(万历三十四年)抵北京。西洋各国适于1582年(万历十年)时,废古代儒略旧历(Julian calendar),而采用格里高雷(Gregory XIII)新历。新历较旧历提早十日。依旧历每世纪之末一年,如耶稣降生后一千六百年、一千七百年等皆为闰年,但依新历仅世纪之次数用四可除净者,得为闰年。例如1600年为闰年,而1700年,1800年,1900年,皆不得为闰年。欧洲南部奉天主教诸国,皆即采用新历。北部新教国家,则良久始渐渐用之。以前欧洲人,新年不必起始于1月1号。儒略历行用几达一千六百年之久。其间各地政府,或教会主教,对于新年元旦日,竟无一定日期。最普通之元旦为3月1号,及3月22号。后一日期乃春分日也。但此后不久,采用1月1号者日渐其多。至1752年(乾隆十七年),英国亦采用新历。1月1号为新年元旦日,始普遍世界矣。俄罗斯人拒用新历最久。直至大革命后,始废旧历而与西欧一致矣。明末欧洲天文家,经多年之讨论与训练,其计历之法,始确较中国为优。万历三十九年(西元1611年),钦天监回回历官误测日食。明廷乃下诏,以西洋人管理钦天监,修改历法。有清一代所行之历,即参酌欧西之法而成者也。自此以后,钦天监修历为耶稣会传教师之大本营。上可交接中国政府官吏君主,下可为传教师之总机关。万历四十四年(西元1616年)至崇祯二年(西元1629年),因各种理由,明廷复不用耶稣会士。但崇祯二年(西元1629年)后,直至清康熙三年(西元1664年),钦天监复归耶稣会士掌理。邓玉函(Terrentius)、汤若望皆此时期中之著名钦天监正也。《明史》卷三二六《意大里亚传》记:"崇祯时,历法益疏舛。礼部尚书徐光启请令其徒罗雅谷、汤若望等,以其国新法相参较。开局纂修。报可,久之书成。即以崇祯元年戊辰为历元。名之曰崇祯历书。虽未颁行,其法视大统历为密。识者有取焉。"入清,汤若望仍得清顺治帝之信任,为监副。康熙三年至八年,因中国官宪排挤之故,耶稣会人出钦天监。但八年时,康熙帝使比国耶稣会士南怀仁(Verbiest)与中国人杨光先、吴明煊,同测验日影。以试中西法之优劣。南怀仁得胜。于是清帝复其位。钦天监复归耶稣会士。直至道光十八年(西元1838年),始废西洋阙。入民国则更废阴历,而径行用格里高雷历矣。

(参考 Y. G. Hudson, *Europe and China*; K. S. Latourette, *History of Christian Missions in China*; *Simon Newcomb's Astronomy*;《书经·尧典》蔡注;《元史·天文志》,《历志》;《明史·历志》。)

本国地图之测绘 中国有舆图甚早。《周礼》大司马,掌图之官,有司险与职方氏。司险掌九州之图,以周知其山林川泽之阻,而达其道路。设国之五沟,五涂而树之林,以为阻固。皆有守禁而达其道路。国有故,则藩塞阻路而止行者。以其属守之。职方氏掌天下之图,以掌天下之地。辨其邦国、都鄙、四夷、八蛮、七闽、九貉、五戎、六狄之人民,与其财用、九谷、六畜之数要,周知其利害。古人对于舆图,慎重可知。汉高祖入咸阳,萧何先入,收秦丞相、御史律令图书藏之,汉高祖因以具知天下厄塞户口多少,强弱之处。舆图之要可知。以后历朝皆有图志。而流传至今者甚少。今代所留最古之图有伪齐阜昌时,所刻贾耽禹迹图在济南。苏州文庙所存石刻,南宋淳祐地理图。《海国图志》转录明《永乐大典》之元代

《西北三藩图》，明万历时《九边图》。此外又有元明时代所留志书附图。所有以前中国旧图，皆未经准确测量，绘制粗劣，尺寸比例，漫无比较。故各图皆不精确，不过略示其大概而已。清康熙帝廿八年，尼布楚缔约以后，教士张诚（Gerbillon）以亚洲地图进帝。说明满洲地理知识之缺乏。以后数次征抚蒙古，游历满洲，及巡幸江南，皆命张诚随行。随地测定纬度。是时，帝已有测量全国之计划。至四十七年（西元1708年）4月16日，乃明令测图，实行工作。由白进（Bouvet）、雷孝思（Regis）、杜德美（Tuatoux）诸神父先从长城测起。阅二月，白进病，其余二人继续工作。至1709年1月10日，返北京，绘成一图。凡长城之各门各堡以及其附近之城寨、河谷、水流，均行绘入。北直隶之测量，于1707年12月10日开始。至1708年6月29日完工。1709年（康熙四十八年）5月18日，雷孝思、杜德美、费隐（Fridulli）诸人，开始测量满洲。先从辽东入手，东南至朝鲜边境图们江，东北至松花江之鱼皮鞑子区域。1710年7月22日，进至黑龙江省。12月14日图成。1711年（康熙五十年）添人工作，分为二队。雷孝思、加尔特（Cardols）二人往山东。杜德美、费隐、潘如（Bonjour）、汤尚贤（de Tarte）四人出长城至哈密，测定喀尔喀、蒙古之地。归由陕西、山西而返。1712年（康熙五十一年）回北京。又命加尔特、汤尚贤（de Tarte）同往山、陕（时甘肃未分省）二省。图成，汤尚贤讲解于帝。帝大悦。雷孝思、冯秉正（de Mailla）及德玛诺（Kenderer）三人测绘河南、江南、浙江、福建。汤尚贤、加尔特二人合测江西、广东及广西。费隐、潘如测绘四川、云南。潘如因劳死于云南。1714年（康熙五十三年）12月，费隐亦病。乃于1715年3月24日，又派雷孝思赴滇，同测云南、贵州及湖广之图。1717年（康熙五十六年）1月1日，全功告成返京。

白进汇成总图一张,各省分图一张。康熙五十七年进呈。于是关内十五省,及关外满蒙各地,皆经测量成图。为中国自古未有之大功。自康熙四十七年始功,至五十五年竣事。五十七年,而全国绘毕。帝名之曰《皇舆全览图》。迄今为中国各种地图之最要根据。同治二年,武昌府刊印之《皇朝中外一统舆图》及现今坊间所售之各种图,皆不能出乎此图之上也。当时所用测量方法为三角网法。中国人以前所未知也。

(参考稻叶君山:《清朝全史》;翁文灏:《清初测绘地图考》,见《地学杂志》十九年三期;Couling, *Encyclopaedia Sinica*。)

西国医学之传入 中国医药之学,发明甚古。古代名医,史不绝书。医药书籍,汗牛充栋。然好泥古不变,进步迟缓。解剖学知识尤为缺乏。传布机关全无。海内良医有发明新疗养法,新丹方者,大抵严守秘密,传子传孙,不传他人。失医为仁术之意矣。古代西国医学,较之中国,孰优孰劣,诚不易言。但19世纪以来,各种麻醉药、杀菌药之发明,爱格斯(X)光线及镭(Radium)之施用,使病人痛苦减轻,传染病可以预防,体内疾病,可以手术割去医疗。种种进步,腾飞直上,一日千里。中医与之相较,真不啻牛车骡车与汽车飞机之比矣。医术可以减轻病人痛苦,得人欢心,除祛隔阂,教士似深知之。古代景教徒在阿拉伯帝国之得以兴旺者,擅长岐黄术,亦其一因也。医院药房,医治身体之外,尚可医治灵魂也。明末清初,天主教耶稣会士曾否努力输入西洋医学,无记载可考。路德新教徒入中国后,西洋医术始传入中国。最早者为种痘法。

有谓为西班牙人于1803年(清嘉庆八年)传入中国者。据确实记载,则英国东印度公司医官皮尔孙(Alexander Pearson)于1805年(嘉庆十年)传种痘法于中国。皮尔孙在广州行医。曾著一小书,说明种痘法,斯当顿(George Staunton)代为译成华文。氏又传授其法于中国生徒。最要者为海官(Hequa)。海官以后成为名医。三十年间为人种痘,达一百万口。海官传此法于其子。在他处设立医院,专为人种痘。1820年时(嘉庆二十五年),东印度公司外科医生立温斯敦(Livingstone)与玛礼孙在澳门立一小医院,医治贫苦中国人。有中国生徒襄助其事。1827年(道光七年),东印度公司医生郭雷枢(T. R. Colledge)在澳门立一眼科医院。翌年,又立一养病院,可容四十人。五年间,入院受医者达四千余人。捐款维持者,东印度公司职员外,中国大行商人,亦皆踊跃输将。此为第一西国医院,立于中国境内也。再次年,郭雷枢在广州,又立一小医院,中外人皆可受治。延白拉福(J. A. Bradford),及柯克司(Cox)两医士襄理其事。郭雷枢著一论文,题曰《任用医士在中国传教商榷书》(Suggestions with Regard to Employing Medical Practitioners as Missionaries to China)。此文在美国颇引起一般人之注意。1834年时(道光十四年),美国人派克(Peter Parker)先在新加坡立一医院,专医中国侨民。翌年,移医院于广州,专理眼科。1838年(道光十八年)与美国公理会士裨治文(Rev E. C. Bridgman)及郭雷枢,共组广州医科传教会(Canton Medical Missionary Society)。派克于1844年(道光二十四年)充美国使馆参赞,代理公使,后为正式全权公使。1857年(咸丰七年)离中国,回美国。1869年(同治八年)在美国充驻华医科传教会会长。1888年(光绪十四年)卒于美国。氏为在中国教士兼医生之第一人。次于氏者为英国人罗克哈忒

（William Lockhart）。1838年（道光十八年）抵广州。翌年，充派克在澳门所立之医院院长。1843年（道光二十三年）抵上海，立英租界山东路之医院。1861年（咸丰十一年）在北京立一医院，即以后协和医院之基础也。1839年（道光十九年）英国人霍布孙（Benjamin Hobson）抵广州，充澳门医院院长。后往香港，充伦敦传教会医院院长。1857年（咸丰七年）抵上海，充山东路医院院长。自是以后，医生兼教士来华者日多。各地西式医院，亦逐渐设立。初立时，多遭愚民反对。甚有谓外国人挖取小孩心眼以制药者。久之渐得中国人民信任。外国医术，优于中国旧有，逐渐证明。外国医院，组织完美，尤优于中国之无组织者多矣。外国医术在中国减轻人民痛苦，救免夭亡。同时中国人反对基督教之偏见亦渐消除。当初医科传教会设立之目的，亦可谓达矣。各医院之功绩，不独为人治愈疾病，减小死亡率，而训练甚多中国助手，翻译西国医学书籍为汉文，传布西国医学知识于中国，其功亦不小也。今全国教会设立之医院，数目与物质两方，皆较中国自己公私设立者，多而且备。各省著名之教会医院，有如汕头英国长老会之医院、奉天苏格兰联合自由会之医院、杭州大英医院、汉口英国医院、上海伦敦传教会医院、美国圣公会医院、济南齐鲁医院、淮阴仁济医院、北京协和医院等，皆资本雄厚，规模极大，驰名全国。每年活人无数。使中国医学，日渐欧化。现在虽尚有人持西医不如中医，或西医长于外科，短于内科诸说。但日久以后，西医自必战胜中医也。教会医院，林立于中国内地，对于传布西国医学知识，固为有益，但亦有害。彼人资本雄厚，名誉久著，使中国学西医者，初入世悬壶，不能与之竞争。社会尊视外国医生心理太过。本国之西医，无人问津，不得不改操他业者有之矣。西人存心竞争，不使中国人能操此高尚职业欤？抑中国之习西医者无恒心，无毅力，升官发财之念，炽于安分守职之心，宣力社会，财产徐集，不若作官一日，不劳而获，腰缠万金，骑鹤升夫之为乐欤？

（参考 K. S. Latourette, *A History of Christian Missions in China*; Couling, *Encyclopaedia Sinica*。）

第三节　财政事业

海关之设立　吾国海上与南洋及印度洋西岸诸国来往通商，两汉时代已然矣。是后历吴、晋、宋、齐、梁、陈、隋各朝，交通未尝断绝。然设关收税，则唐代始有。《天下郡国利病书》卷百三十云："唐始置市舶使。以岭南帅臣监领之。设市区，令蛮夷来贡者为市。稍收利入官。……贞观十七年（西元 643 年）诏三路市舶司，番商贩到龙脑、沈香、丁香、白豆蔻四色，并抽解一分。"市舶司，即今之海关也。宋袭唐制，对海外通商，更为注意。太宗雍熙四年，遣内侍八人赍敕书金帛，分四纲，各往海南诸蕃国，勾招进奉。南宋初年，版图缩小，经费困乏，一切倚办海舶。高宗尝言："市舶之利最厚。若措置合宜，所得动以百万计。岂不胜取之于民。朕所以留意于此，庶几可以宽民力尔。"又谕："市舶之利，颇助国用。宜循旧法，以招徕远人，阜通货贿。"宋代通商口岸有广州、泉州、明州、秀州、密州、板桥（今胶州）。较之唐代略增。北方辽国边界，镇、易、雄、霸、沧等州，各置榷货务，以掌两国交易。元亦有市舶司之设。细货十分取一,粗者十五分取一。商埠为泉州、上海、澉浦、温州、广东、杭州、庆元,凡七处。明初,市舶司仅设于太仓黄渡。寻罢,复设于宁波、泉州、广州三地。明末,增设澳门为葡萄牙、西班牙等西洋各国通商之地。唐、宋、元、明时代,政府虽在各埠立有抽税定章,但管理人多不照章而行,另加种种苛捐,使外商不能忍受,致暴动者有之矣。清初,郑成功扰乱沿海,故海禁甚严,不许商船出海。康熙二十三年(西元1684年),海外平定,台、澎设兵,乃开各省海禁。以荷兰助讨郑氏有功,首许互市。设粤海关于广州之澳门,闽海关于福建之漳州,浙海关于浙江之宁波,江海关于江南之云台山(在镇江西门外)。署使莅之。各征其税。二十八年,议定江浙闽广四省海关征税之例。每关各差一员,管理税务。此海关之名,所由来也。顾虽有征税章程,而吏治腐败,诛求无厌,贪婪横暴,无所不至。正税以外,有所谓规费、支销或归公充饷名目。而司事巡役人等,又有规礼、火足、开仓、验仓、放仓、押船、贴写、小包之名目,以资中饱。商民极为困难。乾隆五十八年(西元1793年)英国特遣使臣马戛尔尼至北京,与中国政府磋商订一规定税则。不得要领。嘉庆二十一年,英国又遣阿美斯德(Amherst)来北京。复失败。时英国商业最盛,损失最多。两次遣使,皆无结果。因之与中国感情乖离,趋于极点。至道光二十年(西元1840年)乃激成鸦片之战。二十二年,《江宁条约》*开广东、厦门、福州、宁波、上海五口通商,赔款二千一百万两,以海关税充担保。因此英国得派贸易监督官及领事馆员于各口岸,以监视我国对于其国商人所征之出入货税,及其他诸税钞之适当与否。自唐以来,我国自

---

* 即《南京条约》。——编者注

第二章 有形欧化即欧洲物质文明之输入

由设关征税之制,至是破坏尽矣。因此我国政府对于各关税率,乃负一种公平课税之义务。且从外人之希望,有另设新关之必要。至是改原有之海关为常关。由新条约所发生者,称曰"新关"。同时法、美等国亦步英国之后尘,均于道光二十四年,与我国结同等之条约。各派领事驻各口岸,以保护本国商人。而内外商品之输出输入,皆由各国领事征收税饷,再由领事缴交于我国收税官吏。此为外国领事代理征收关税时代。然各国领事各袒其自国商人,任意减收货税,势所不免,以致税收,不能发达。咸丰元年(西元1851年),政府遂与各国交涉,得改领事代理征税制度为国家直接征税制度。然我国官吏,又苦无新关办事之经验,且多贪枉者流。营私舞弊,不顾大局,遂惹起外商之愁诉。各国驻京公使屡有烦言。遂建议欲救此弊,须立一征收机关,保存中国主权,但同时须用西国方法与训练。欲达此目的,非雇用西人不可。政府亦恐本国官吏不谙外货价值,或难胜任,遂容其请。1854年(咸丰四年)6月29日,英、美、法三国领事与上海道吴健彰会议。订立新关制度八条。始于各通商口岸。委用各国前所派之税务监督官,为税务司,专司海关税务。英、美、法三国领事,各举一税务司(Inspector),权利同等。以上海海关税务监督局重新改组。三税务司,一为英国人威妥玛(Thomas Francis Wade),次为美国人喀尔(Lewis Carr),三为法国人斯密司(Arthur Smith)。三人同时各在其领事前宣誓云:"愿以忠诚尽税务司之职。恪遵吴道太及三国领事会议所定诸条款。求上帝助余。"各领事助中国政府寻觅相当人材,而主权与责任则掌之中国人手中也。1855年,三人皆辞职。继威妥玛者为李泰国(Horatio N. Lay),继斯密司者为爱丹(Edan),继喀尔者为费胥(Fish)。上海税务如是管理者,直至1858年(咸丰八年)。是年,《天津条约》规定各口海关,皆须雇用外国人为税务司。翌年,中国政府任命李泰国为总税务司(Inspector General of Customs)。1861年(咸丰十一年),立总税务处于北京。1863年(同治二年)11月,李泰国因与中国政府意见相左,罢职。继其位者为赫德(Sir Robert Hart)。赫德充中国总税务司之职四十五年。至1908年(光绪三十四年)因病回英国,代之者为白莱敦(R. E. Bredon)。1910年白莱敦辞,代之者为安格联(F. A. Aglen)。1911年(宣统三年)9月,赫德死而安乃实任。赫德之名为中国海关一大纪念。各种组织皆由彼成之。使中国海关,有近代欧洲式者彼之功也。但中国海关税多半不能自主。直至前数年,始修改条约,自由征税也。

(参考拙作《中西交通史料汇篇》;顾炎武:《天下郡国利病书》;黄序鹓:《海关通志》;《筹办夷务始末》;Couling, *Encyclopaedia Sinica*; H. B. Morse, *The International Relations of the Chinese Empire*。)

银行 《周礼·泉府》,掌以市之征布,敛市之不售,货之滞于民用者,以其价买之。以待不时而买者。买者各从其故价。凡民之贷者,与其有司辨而授之。以国服为之息。凡国之财用取具焉。岁终则会其出入而纳其余。泉府所司,与今之银行职务已相同矣。后代斯业,无若何发展。至于合资公司性质之银行,则无有也。政府亦无一定章程,管理各银行。西法本输入之先,全国银行皆为山西之钱庄、票号,专以存放汇划为业。略与今之商业银行相近。其信用亦甚昭著。辛亥革命,全国金融大恐慌。山西票庄遭大打击。加以其人不能顺应潮流,改旧法而从泰西银行新法。于是一蹶不振。至今日而几于无人挂齿矣。咸同以后,户部以军需孔急,度支

第二章　有形欧化即欧洲物质文明之输入

告匮,于京城内外,招商设立官银钱号。由库发给成本银两,并户工两局交库卯钱,为推行银钱票之关键。光绪末年,直、奉、吉、黑、鲁、豫、晋、苏、赣、闽、浙、鄂、湘、秦、陇、川、粤、桂、热河等处,先后设立官银钱局。或为兑换铜元之机关,或为发行钞票之枢纽。收存公款,稍含国家分银行之性质。时变日急,西、法、日入。官私银行,日渐增多。度支部,始有银行则例之颁行。入民国,与时通变。银行学人才日多。银行法规,由粗简而渐达精密。以掌理金库,发行钞票为主,而并及其他之营业。于是有国家银行之制,以辅助政府事业为务。光绪三十年春,户部奏请由部试办银行,以为推行币制之枢纽。诏可之。是年三月,奏定试办银行章程三十二条。是为创设银行之始。三十四年正月,度支部奏定大清银行则例二十四条。略谓国家银行,由国家饬令设立。与以特权。凡通用国币,发行纸币,管理官款出入,担任紧要公债,皆有应尽之义务。户部银行,即为中央银行。现在户部已改称度支部。拟改银行之名,曰大清银行。自是大清银行遂认为国家银行矣。股本一千万两。分为十万股。总行设北京,其余沿江沿海贸易繁盛之处,以及各省府、厅、州、县,皆设分行分号。关于发行纸币、经理国库、流通新币等项,规定尤详。与各国国家银行之章制略同。各地多设分行。但不久弊窦丛生。行员滥放款项,冀得年终红利为分肥之需。放出者,多无着落。以致牵动各地金融,累及银行信用。辛亥变起,大清银行倒闭。民国初元,金融全权,操诸外人之手。财政部乃筹设中央银行为发行纸币,统一国库之枢纽。拟订中国银行则例三十条。二年四月,经参议院议决公布。采股份有限公司制度。但恐招股,迁延成立时期,乃由政府认垫股本。并拟出三分之一以上,即行开办。一面招集商股,逐渐扩充。初定股本总额为六千万元。分为六十万股,每股银元一百元。政府先行认垫三十万股。余数由人民认购。认购总额超过三十万股时,得由政府察酌情形,将认垫股份,分期宣布,售与人民。中国银行开办以后,营业甚为发达。全国之中,合计总管理处、分行、分号、汇兑所、支所、兑换所共一百八十七处。每年净利甚多。尤以民国初年为巨。国家银行以外,尚有特种银行,如交通银行、殖边银行、农商银行、边业银行、劝业银行、蒙藏银行、财政部平市官钱局等。民国以来,经政府特许发行兑换券。亦皆营业甚旺。通商大埠多有分行。此类银行有半官性质。亦得管理金库。第三类,为普通商业银行,完全商股,不理金库。其中有在清季即经政府核准发行钞票者。如中国通商银行、浙江兴业银行、四明商业银行、北洋保商银行是也。有在民国得发行钞票权者,如中国实业银行、中南银行、大中银行、山东银行是也。第四类,为地方银行,为各省政府所立,办理多不妥善。滥发纸币,信用甚薄。此类银行起自清咸丰二年。国家以财用匮乏,饷需孔亟,于北京城内外招商设立官银钱号,以为推行银钱票之关键。迨光绪季年,各省之有官银钱局者,已有直、鲁、吉、黑、豫、晋、苏、赣、闽、浙、鄂、湘、秦、陇、川、粤、桂、热河等十余省区。自是一省之中,有设一机关者,有设数机关者。大都为各省省库之金融机关。发行银元、银两、铜元或制钱钞票。未经中央法令明定。本位单位,纷杂不一。视各省之需要而异。准备之有无,以及成数之若干,亦复各自为制。票之兑现,亦不一致。信用之良否,市价之高下,亦复互异。后有改为新式银行者,其发行钞票之权,依然存在。各省长官以财政艰窘,无由取给,悉以发行纸币为筹款之一法。以致滥发无艺。民国以来,中央财政部曾数次设法整理,限制发票。但法令多未能实行。此类银行,成立最早,而在欧化式

第二章　有形欧化即欧洲物质文明之输入

之银行中亦最落伍。近年以来,吾国各种银行事业,日渐发达。办理日益完善。加以外国银行如中法实业银行、中华汇业银行、道胜银行、华威银行、中华懋业银行等之歇业,外商信用亦不足恃。于是本国银行日益兴旺。华商银行钞票之势力,已超外商银行之上矣。

（参考贾士毅:《民国财政史》;张家骧:《中华币制史》; Couling, *Encyclopaedia Sinica*, on Banks。）

币制　上古草昧之世,立市廛,日中为市,以通有无。以物易物,无所谓货币也。稍进,则珠、玉、龟、贝、五金、布、帛,皆作为钱币。周太公立九府圜法。黄金方寸而重一斤。钱圜函方。轻重以铢。布帛广二尺二寸为幅,长四丈为匹。钱法之端绪始开。春秋战国之世,流通最广者为铲、钟（又曰布）、刀三种。此时可称刀币时代。秦并六国,统一天下。禁用珠玉龟贝银锡之属。分币为二等。黄金以镒计,为上币。以铜铸钱,文曰半两。重如其文。自此专以金类为货币。汉承秦后,先铸荚钱。物价腾踊,米石万钱。武帝建元五年,铸五铢钱。轻重适中,民皆便之。自汉迄隋,中间钱币兴革虽多,要以五铢钱行之最久。可称此时期为五铢钱时代。隋朝禁用古钱及私铸。仅许用五铢钱。隋之五铢钱,与汉之五铢钱,其文微异。钱币始归统一。民以为便。唐高祖即位,乃废旧钱,铸开元通宝。每钱一千,重六斤四两,得轻重大小之中。是为有通宝钱之始。自唐初以迄五代之末,所铸钱文,均以通宝为名。故可称此时期为第一通宝钱时代。宋、辽、金、元、明、清各朝铸钱,皆按年号,而通宝二字不换。此可称为第二通宝钱时代。自秦代半两钱以及后代五铢通宝各钱,皆有铜或铁,而中有方孔。从未用银或黄金铸钱也。此为完全旧时代之中国币制也。光绪二十六年（西元1900年）,两广总督李鸿章见英仙士铜钱,质轻而值大。谋仿铸之。奏请设局先行试铸。是为中国铸造铜元之始;亦即中国无孔钱之始。其所铸之钱,每枚当制钱十文。以紫铜九十五分,白铅四分,点锡一分配合。每枚重量二钱。一面镌光绪元宝四字。内加清文广宝二字。周围镌广东省造。并分镌每百枚换一圆字样。他面中镌蟠龙纹,周围英文,译曰广东一仙。二十七年以制钱缺少,不敷周转,而铜元行于广东已具成效,乃谕令沿江沿海各省仿造。于是各省大铸铜元。铜元代制钱之用。初出无多。社会欢迎。惜当时清廷不深知货币原理。对于铜元铸数之限制,及银铜间比价之确定,金融兑换机关之设置,如何筹划,毫未顾及。以后各省督抚大吏,莫不借铜元余利,以为兴办地方新政之用。竞相铸造,各立门户。初未尝有整理币制之意。卒至铜元充斥市面,价值日落,物价昂贵。此省铜元,他省不用。币制因之大起紊乱。民国以来,各省更各自为政。四川省铸黄铜当伍十,当百大铜元。尤为剥削人民,淆乱币制。初以新币便民者,至此反以害民。以前有孔制钱,通行全国者,日渐减少。沿江沿海各省,几于不可见矣。币制中多此欧化式之铜元,其利甚微。而二三十年间,将人民生活费用,抬高十倍有余。小民生计维艰。多此反不若无此之为愈也。此亦不审慎输入欧化之一例也。

　　铜元之外,近年以来,又增铸银元。银元亦仿欧洲钱币铸成。我国古代无银元也。银为白金。自古以来即用之。其形式不一。或铸成饼形,因名曰饼,又称为铤,或钣,或笏或版。自宋以后,通称为锭。俗名曰元宝。形如马蹄。锭之铸造,皆随民便。非若铜钱,专属之国家事业也。其成分、重量、大小各地互异。近年银元虽盛行以代银两之用,但在通商大埠,买卖交易,仍有以银为标准者。外商银行亦以银两为本位。直至今年(民国二十二年)中央财政部始废两改元。银元本位得以确立。考外国银元流通中国,约当清代乾隆、嘉庆两朝。初称曰番饼,继称曰洋钱。乾隆九年,范廷楷奏称:"内地奸商,私带制钱出海与诸番交易。以数十文易番银一元。获利最重。返舶之时,或带番饼或带洋货。"嘉庆十九年,蒋攸铦奏称:"洋钱进口,民间以其使用简便,颇觉流通。每年夷船带来之洋钱或二三百万元,或四五百万元,亦有数十万元者不等。"银钱称元,始见于此。我国商人以其衡色齐等,便于交易,多乐用之。故不数十年,遍行江、浙、闽、粤各口。更深及内地。将元宝挤灭矣。粤、桂、湘、赣使用烂板。江、浙则用光面。外国银元输入者有数种。最早者为西班牙洋,又号本洋。明末时已流入中国。安徽芜湖一带,至今尚行用之。次有鹰洋,为墨西哥独立后所铸造之银币。因币面花纹有鹰鸟而得名。俗又称曰英洋,盖误鹰为英也。外国银币输入我国者,以此种为最多数。其通行最广之区域,为吾国南部及中部地方。如上海一地几以此为主币。民国八年以前,上海外国银行发行之纸币,皆以此为兑换准备。近年以来,输出之数,超过输入及国内之销毁等。该项银币之流通数量,遂日形减少。民国八年,英龙洋(本国币因币面花纹有龙,故得名。)行市统一,商民特种爱好,早已失去矣。再次则为人洋,又呼站人,又曰香洋,又曰杖洋。因币面花纹有人持杖站立,故得种种之名也。此币为香港造币局所造。行于粤及平津。近年以来,市面不多见矣。日本龙洋,因币面花纹有龙故得名。通行于闽省。近亦稀见。安南洋乃法属安南所造,行于滇、桂两省边地。美国银元亦曾流入,但为数至微。道光初年，各国银钱输入渐多，蔓延各地，欲禁无由。两广总督林则徐奏请自行鼓铸银元，借资抵制。旋经部议驳。道光中，浙省曾自铸一两重银钱，欲与洋元并行。以民间阻滞而止。光绪十三年二月，粤督张之洞奏称广东通省，皆用外洋银钱，波及广西至于闽、浙、皖、鄂。所有通商口岸，以及湖南、四川、前后藏，无不通行。以致漏卮无底。粤省拟试造外洋银元，银元上面铸"光绪元宝"四字，周围铸"广东省造，库平七钱三分"十字。并用汉文、洋文以便与外洋交易。支放各种饷需官项，与征收厘捐，盐课，杂税及粤省洋关税项。向收洋银者，均与洋银一同行用等语。于是我国流通之银元中，始有吾国自铸之银元。二十二年，湖北继之。二十三年十月，江南又继之。二十四年，山东继之。其他各省亦次第推行。三十一年，立总厂于天津。留南北洋，广东、湖北四局作为分厂。由总厂发给模样，成色重量花纹，均须一律。宣统二年，全国各厂皆铸"大清银币"一种银元。以求统一币制。旋以国体变更，以需饷之故，将所有铸成银币，陆续随市价流行于市面。仅成为通用银元之一种。民国三年，颁布国币条例，一元银币于是年十二月二十四日，由总厂开铸。次年二月，江南造币厂继之。发行以来，全国各地颇能通行无阻。民国四年，沪上中交两行，与钱业公会协商，将以前所开龙洋行市，一律取消，只开新币行市。江南、湖北、广东及大清银币四种银元，均按照新币行市通用。自是我国自铸之银元市价，遂成统一矣。二十二年，政府废两改元。两种单位，并成一种单位。弃数千年来固有之单位，采用欧美新单位矣。

最早发明钞币者为我国。唐宪宗时，以钱少，令商贾至京师，委钱诸路进奏院及诸军诸使。富家以轻装趋四方，合券而取之。谓之飞钱。宋太祖因之有便钱务焉。此二者，即今之汇票，尚非真钞币也。宋真宗时，蜀人患铁钱太重，交易不便，乃以楮作券，谓之交子。一交一缗。其后由官设交子务，掌其出入，禁民私造。高宗时创会子，又名曰关子，又名曰关会。性质与交子无异。后以无限止发行，无钱兑现，价值低落。金以铜产缺乏，仿中国楮币制，造交钞。有大钞小钞两种。大钞为一贯、二贯、三贯、五贯、十贯五等。小钞分一百、二百、三百、五百、七百五等。令百姓永久流通。文字磨灭不现者，可向所属库司换易新钞。元有交钞、宝钞。宋、金钞钱并用。而元则废铜钱而专用楮币。卒以滥发，使全国恐慌，而元亦亡矣。明太祖初拟专用铜钱。不久苦于铜之供给不足，乃立钞法。设宝钞提举司，造大明宝钞。命民间通行。制凡六等。曰一贯、五百、四百、三百、二百、一百。每钞一贯，准钱千文，或银一两。不久钞出甚多，价值低落。英宗天顺以后，钞即废绝不用。清初行钱而不行钞。咸丰后，以军兴需款，筹措无术。议准暂行银票。嗣后又发钱票。民间行使，甚为壅滞。光绪中叶，各外国银行先后设立于通商大埠，发行钞票。我国市场，始见有银行券之踪迹。一般商民感其信用健全，携取轻便，群相乐用。市场流行，极为畅达。当时朝野上下，鉴于发行纸币之利益，及慨乎利权之外溢，乃亟思挽回之法。光绪二十三年，中国通商银行照外国银行办法，发行钞票。是为吾国近代银行发行兑换券之嚆矢。三十一年，清政府仿西法，发行银行钞票。设立户部银行，发行户部银行钞票。各省所设之官银钱局，亦各自发行银两银钱等票，通行市面。自是我国有发行钞票之银钱行号，逐渐增加。现今市面流通之银行兑换券大概可分为六类：一为中央银行发行之兑换券；二为特种银行，经政府特许发行之兑换券；三为普通商业银行，经财政部核准有案，准许发行之兑换券；四为地方银行，经财政部核准发行之兑换券；五为中外合办银行,经政府特许发行之兑换券,此类钞票近数年来大减;六为在华外国银行发行之兑换券。各种券面上,一面为华文,他面为英文。以前各代之"通行宝钞"字样全去矣。甚至各种钞票之纸料,亦多来自美国,为美国印钞公司所印成。其欧化程度之深可知矣。

(参考张家骧:《中华币制史》;贾士毅:《民国财政史》。)

第四节 交通事业

铁路火车 清季,欧美发明之各种交通事业,逐渐输入中国。船政之招商局附属于北洋大臣。内地商船附属于工部。邮政附属于总税务司。路电两项特派大臣督办,而未有专部。光绪三十二年,设立邮传部。路电邮航,始有总汇之区。民国元年,改称交通部。分路政、电政、邮政、航政四司。兹就四政之发达分叙如下:

铁路火车完全为近代新发明。西元1767年(乾隆三十二年),英人莱奴特(Reynolds)制凹字形铁轨,供各公司之用。轨易填砂砾,性极脆弱。车辆时有越线之虞。1789年(乾隆五十四年)哲索勃(W. Jessop)制凸字形铁轨,附轮缘于车,为现今铁路车辆之蓝本。普通道路所用车辆,铁路上不得通行。1769年(乾隆三十四年),英人瓦德发明蒸汽机。法人喀诺特(Carnot)创一车。以二汽筒置锅之上,煮水成汽,入汽筒推挽鞲鞴,迭相为用,鼓动车轮,使自行于路上。名曰自行车。1825年(道光五年),英人司梯文生

(R. Stephenson)创机关车,试行于司道克登(Stockton)至打林登(Darlington)路线。载运一般公众之旅客货物。是为蒸汽车之始祖。客货运输营业,亦以此为始。明年,世界有名之利发浦(Liverpool)至曼切斯脱(Manchester)间铁路开工。公司悬重赏,募最精机关车。1829年(道光九年)行各种机关车,竞赛于曼切斯脱。司梯文生所造之乐克德(Rocket)车崭然冠首。每小时能行三十五英里,载重四十吨。人皆称其便利。为交通界大发明,缩地利器。较之以往用人力兽力,挑负拖载者,不啻一大革命也。司氏发明既出,英国全国震动。竞组公司,经营铁路。以后逐渐改良。每辆装重可至三千吨。行走速率每小时可达一百英里。欧美其他各国,亦竞利用此大发明。1830年(道光十年)以后,无不动工兴筑铁路。铁路输入中国,在英国创始后四十年。1863年(同治二年),上海英国商人二十七名,上书两江总督李鸿章,请筑上海至苏州之铁路。李氏不允。1875年(光绪元年)8月,与英人立约筑上海至吴淞三十里之铁路。次年1月20日铺轨,4月底竣工,6月开车。营业颇佳。光绪二年三月三日,该路火车撞毙中国兵一人。苏淞太道冯竣光即照会英领事,转令公司立即停止开行。英领不允。南洋大臣沈葆桢亦照会该领停车,仍不允。后由李鸿章与英国公使威妥玛磋商,以银二十八万五千两购回。三年九月十五日,交与中国官吏后,即命工匠掘起铁轨,铲平路基,拆毁站房。连同一切材料,不久即运往台湾。因台湾长官拟筑一路,贯通该岛,故沈督徇其所请也。然终以筹款无方,卒将淞沪全路物品,沉诸打狗湖焉。淞沪路拆毁之年,直督李鸿章允许轮船招商局总办唐景星修筑唐山至胥各庄之运煤铁路。朝廷禁驶机车。乃声明以骡马拖载。工程司英人金达(Kinder)抱定将来更换重轨之目的,乃定轨间为英四尺八寸半。光绪五年五月兴工,十一月告竣。是为我国办铁路之始。金达氏利用旧废锅炉,改造一小机车,力能引百余吨,名曰"中国之乐克得"(Rocket of China),七年五月十一日,唐胥路开驶第一次机车。八年,复由英购机车二辆。十二年,唐胥路展修至芦台。十五年,展至天津,再次展至山海关。此为中国铁路之嚆矢。后又展至北京。初拟经通州而地方人民反对。乃改经丰台,至马家铺。义和团乱后,由马家铺接修至正阳门。自东便门筑支路至通州。光绪二十年,修筑山海关外至绥中路。值中日战起,暂停。二十五年,筑至锦州。营口支路亦蒇事。二十六年,进至大虎山。二十九年沟帮子至新民屯完竣。三十年,日俄战起。日人筑新民屯至奉天轻便铁路。三十一年,由我备价收回。宣统三年,展筑至奉天城与南满相接。于是京奉全路开通。前后共历二十九年之久,为国有铁路之最早者。他如平汉路创议于光绪十五年,开工于二十四年,完成于三十二年。津浦路,创议于光绪六年,开工于光绪三十四年,竣工于宣统三年十月。沪宁路创议于光绪二十二年,兴工于二十九年,竣工于三十四年三月。沪杭路创议于光绪二十九年,开工于光绪三十二年十一月,竣工于民国元年十二月。株萍路创议于光绪二十四年,开工于二十九年,竣工于三十一年十一月。广九路创议于光绪二十四年,开工于三十三年七月,竣工于宣统三年八月。正太路创议于光绪二十二年,开工于三十年四月,竣工于三十三年九月。道清路创议于光绪二十八年,开工于二十九年,竣工于三十一年。平绥路创议于光绪二十九年,开工于三十一年。平张段竣工于宣统元年。张绥段竣工于民国十年四月。绥包段,竣工于民国十一年十二月。陇海路创议于光绪二十九年。汴洛段兴工于光绪三十年,竣工于三十四年十二月。其开徐、洛观两段成于民国四年,徐海段成于民国十三年,观潼段成于二十一年。此外尚有大干路,如粤汉、川汉动议已在三十年前,而至今未竣工。此外又有完全外国人所筑之路,如胶济路、滇越路、中东路,完全外国人治理。初与中国人无关系。其后经政治变动,中国备款赎回。而滇越路仍全在法人之手也。民国以来,日事政争,竟未完成一长路。辛亥革命以后,理想家以为数年之间,可以完成二十万里铁路,与欧美并驾齐驱者,至是乃为一场幻梦也。直至今日,军事紧急之秋,在要路上,仍未见火车能全代二千年前使用之骡驴车也。交通事业,较之他国,尤为落伍也。

(参考曾鲲化:《中国铁路史》;Couling, *Encyclopaedia Sinica*。)

轮船 1802年(嘉庆七年)英国人席明敦(William Symington)造一轮船,以蒸汽力驶之。船名"沙落忒邓达斯"(Charlotte Dundas)。试行于苏格兰克莱脱运河(Clyde Canal),大告成功。是为世界第一蒸汽轮船。地方官以其鼓浪坏堤,禁止行驶。1807年(嘉庆十二年),美国人福尔敦(Robert Fulton)亦造一汽船,试行于纽约赫德森河。载运行人,亦告成功。由是而各国仿造,为洋海上航行利器。1835年(道光十五年)英国轮船哲尔丁(Jardine)自苏格兰阿伯丁港(Aberdeen)驶至广东伶丁洋面。是为轮船入中国之始。英商意欲用此船为澳门、广州、伶丁三地间之送信船。1836年1月1号,开始驶往广州。而中国官宪不许通过虎门,竟至放炮轰击。英人不得已乃将机器拆去,改为帆船,始得通航。1872年(同治十一年)12月,中国商人合资购"亚丁"(Aden)轮船航行通商各埠。但非通商口岸,亦不得通行。此为中国人自有轮船之始。阅二年,此合资公司乃改组为今之招商轮船局(China Merchants Steam Navigation Company),主动人李鸿章。香港华商资助之。当初目的,为航行外国船所不通航各港,与洋人争沿海商务。但政府不允。目的未达。以后政府准许成立。代政府载运三分之一漕米北上。1877年(光绪三年),购买上海联合汽船公司船只。1879年(光绪五年)10月20日,曾遣局中所有"河中"船至檀香山,载运甚多华工。初开始时,营业甚为发达。但不久而弊窦丛生,毫无发展。数十年间,船只航线仍旧。最近乃收归国有。次于招商局者,有政记公司。专营华北奉天各港间之航业。此外有甚多小公司经营沿海长江中航运。势力远不如外商。各港埠间,甚至无中国轮船者有之矣。国内旅行,不乘外国船,则不得达。此种现象,古今中外各国所无,而实亦国耻也。

(参考 *The Encyclopaedia Britannica*,"Steam Engines";Couling, *Encyclopaedia Sinica*。)

电报 1835年(道光十五年),美国人摩尔斯(S. F. B. Morse)发明电报。数年后,改良完备。为通信利器。各国皆架建电线。1865年(同治四年),英国人莱奴特(Reynolds)树立由上海至吴淞黄浦江口之电线。不久即被中国人民拔除。此为电报第一次输入中国之情形也。1869年(同治八年),美国卢塞尔(Russell)公司,在上海本地树立由轮船码头至公司办事处之电报。1871年(同治十年),大北电报公司设立香港至上海之海底电线。上海上陆处秘密藏匿,不使中国人见之。1881年(光绪七年),中国政府允许设立上海至天津之陆地电报。此为中国第一条电报线。

三年后,由天津延长至北京,传递军国大政,消息极为灵捷。政府中人知其有利,于是各地推广电报矣。光绪八年,立电报总局管理其事。光绪三十四年,并入邮传部。现今全国电报局有六百余所,电线长约四万余里。入民国,又增设无线电台,亦归电报局管理。

(参考 *The Encyclopaedia Britannica*, "Telegraph"; Couling, *Encyclopaedia Sinicas*。)

邮政 驿传为中国自古所有要政。盖以通达边情,布宣号令也。至元朝而驿政发达完备。明清因之。国家驿站之外,复有民局,专司送信,为人民事业。欧洲邮政发达不过近百年事。最初行用邮票者为英国。发明者为罗伦·黑尔(Rowland Hill)。1837年(道光十七年)2月13日,黑尔将所制邮票示之递信局。1837年,英国下议院,通过黑尔之条陈,议订各等邮票价值,先买票粘贴信封而后送信。又议订防阻伪造法规。1840年各等邮票通行于英。1843年(道光二十三年)瑞士仿行之。1847年,美国行之。1848年,俄国行之。1849年,法国行之。1850年奥国、德国、西班牙、意大利皆仿行之。自伦敦初次发行邮票,阅二十五年而普遍世界。当时全世界共有一千三百九十一种。其中为欧洲发行者八百四十一种,美洲者三百三十三种,亚洲者五十九种。非洲者五十五种。至1865年(同治四年)已有八百十一种随时代而消灭,尚有五百八十种流通世界耳。咸丰季年,商埠增加,各地海关亦随之而增。同治以后,中国允许外国公使驻在北京。公使及总税务司署,欲与上海等地分关侨民通信,借用中国驿递。各关文报往来,皆自行设法互寄。渐启邮务端倪。1878年(光绪四年),各地海关正式设立邮政事务所,办理大沽至天津,天津至北京、牛庄、烟台、镇江各地递信事务,略仿泰西邮务办法。交赫德管理。并于是年发行邮票。加入国际邮政同盟。英法各国皆愿将上海及香港邮局取消,改归华关自办。总理衙门先后饬据江海关道总税务司筹议,咨行南北洋大臣查核。光绪十六年三月,总理衙门创行总税务司,以所拟办法既于民局无损,即就通商各口推广办理。俟办有规模,再行请旨定设。旋浙海江海各关道,皆禀称税关邮局,未经奏定,外人得以借口。十八年冬,赫德亦以数年创办艰难,若再不奏请设立官邮务局,恐将另生枝节。是年五月,总理衙门迭接李鸿章、刘坤一咨,据江海关道聂缉规禀称,上海英美工部局现拟增设各口信局。异日中国再议推广,必更维艰等语。二十一年,南洋大臣张之洞奏请设立邮局,请饬议。由总理衙门议准,推广海关邮递。开设官局并与各国联会。旋由赫德拟定邮政开办章程。由是邮务及于各通商口岸矣。二十四年,又由湖广总督张之洞奏准推行沿江沿海各省及内地水陆各路。迨宣统三年各省通行邮务,共有六百余局,代办四千二百余处。民国五年,局与代办处,增至八千七百九十七所,邮件寄出二亿五千四十三万二千二百七十三件;包裹寄出二百二十三万二千一百件;邮差行路达四十二万一千里;汇寄钱达一千五百九十六万五千元。并与数国订立往来互寄之合同。当时邮务经费,皆由海关协济。宣统三年由总税务司移交邮传部,委法国人帛黎为邮政总办。其职权与总税务司相等。人员长久留用,及薪水,升阶,请假,养老等事,均照海关办理。于是邮政脱离海关,日渐改良,办理完善,不亚欧美各国矣。旧时驿站,至光绪二十四年完全废除。民信局则内地各城市中,至前十年尚有存者,近则亦稀罕不可见矣。

（参考 黄序鹓：《海关通志》；Couling, *Encyclopaedia Sinica*, "Post Office"；*The Encyclopaedia Britannica*, "Postage Stamps"。）

第五节 文教事业

报馆 唐时有《开元杂报》，记载政府命令、官场消息。可为世界上最早之报章。然此与近代报章意义不同。至于登载普通消息，发表民意之报纸，则仅于鸦片战争后，香港割让，五港通商以后，在外人势力保护之下，始有真正近代式之报章也。在中国最早之英文报为《广东周刊》（*The Canton Register*）。每星期出一册。始于1827年（道光七年）11月8日。直至香港割让于英国后，该报移至香港，更名《香港周刊》（*The Hongkong Register*）。至1859年（咸丰九年）始停刊。次有《香港日报》（*Hongkong Daily Press*）及《每日报》（*Daily Mail*）。两报皆在香港发行。时期俱在道光末年。时伍廷芳尝命人将《香港日报》译成汉文，流行粤地。纯粹汉文报章，当推上海字林洋行之《上海新报》，及粤人在申所设之《匯报》、《彙报》、《益报》等。但不久即闭歇。继有《申报》。至今屹然存立。馆主初为英人美查（Major）。秉笔者为中国文人。美查为上海美查洋行主人。报始于同治壬申三月（西元1872年）。除礼拜按日出报，每纸十文，京报新闻及各种告白，一一备载。在各口岸，风行甚广。稍后，至1880年（光绪六年）上海《字林西报》（*North China Daily News*）发行《沪报》，不久停刊。再阅十二年，则有《新闻报》创办者，为张叔和。后为美国人福开森购买。《申报》、《新闻报》，至今屹然存立。今代全国之中，大小日报，约二千余种。不独通商口岸有之，即内地偏僻小邑亦有之。大者日销行数万份，小者仅数百份。二千余种之中，重要者仅约三四百份。其余则皆范围不出百里也。光绪二十一年（西元1895年）时全国日报约仅有十二种。但此后十年间，正如雨后春笋怒生，新开之报馆甚多，而多不永命。数月或数年即消灭。义和团乱后，发展尤速。各种科学杂志、妇女杂志、图书杂志皆流行甚广。贩报为一种新事业矣。辛亥革命成功，报纸鼓吹尤为有力。报章宣布官吏受贿阴私，造成舆论，指导社会。此其功也。但亦有供个人与党派野心家之宣传讹诈者。革命以后，报纸几全为机关报。其无党派而保存者，仅上海之《申报》、《新闻报》而已。至若月刊、杂志之最早者，为《万国公报》（*Review of the Times*），创办于1875年（光绪元年）。创办人为美国教士林乐知。次为《中西教会报》，创办于1891年（光绪十七年）。创办人为樊汉（J. W. Garnham）。次则《教会新报》，创于1894年（光绪二十年）。三种杂志皆为宣传宗教而设。但宗教之外，对于政治，社会，时事亦皆记载。颇为中国士大夫所欢迎，流行甚广。传播各种知识，厥功甚伟。周刊之最早者，为《兴华报》（*Advocate*），发行于福州。创办人为美国美以美会派克博士（Dr. A. P. Parker）。流行于中国各地及海峡殖民地甚广。虽为教会所发行，而新闻不限于宗教。关于科学有用知识，亦广为登载。为当时有用之周刊也。《通闻报》创始于1902年（光绪二十八年）。为英、美长老会所设。性质与《兴华报》相同，销行亦甚广。第一年在全国中销行七千余份。以上皆教会人在中国所办之初期日刊、周刊、月刊物也。中国人自己所办之旬刊最早者，为光绪二十四年（西元

1898年)之《时务报》,后改《昌言报》。主笔人初为梁启超,后为汪康年。此报为是时维新党人最要之机关报,而实亦最初谈政治改革之杂志也。《昌言报》不久随戊戌政变而消灭。梁氏亡命日本后,举办《清议报》,仍鼓吹政治改革。不久又改办《新民丛报》,灌输各种学识。每期销行十余万份。人人争读,影响中国社会舆论之巨,直至于今,无他杂志,可与匹敌也。梁氏文学优胜,为一原因。而当时适值义和团乱后,旧文化、旧制度,不满人望。士大夫求新知识之欲甚炽。梁氏亡命日本,得彼邦之普通常识。以畅达流利之文,尽量灌输于国中,所谓因时乘势者也。待以后梁氏又主办《国风报》、《庸言报》。流行远不如《新民丛报》矣。盖国民知识程度已高,肤浅议论,无裨益于专门科学矣。然梁氏一时之功,固不可泯也。此外商务印书馆所出之《东方杂志》亦为灌输常识之良品,已有三十年之历史。《地学杂志》为中国地学会出版,创办人张相文。起始于清季宣统二年,迄今已二十四年之久,为国中最早而悠久之专门科学杂志。科学社出版之《科学杂志》,起始于1916年,至今亦有十七年之历史,灌输各种天然科学知识,或发表各人研究。以上三种杂志,寿命最长。辛亥革命以后,日刊、周刊、月刊、季刊、年刊之各种杂志,出版益多。但较之欧美、日本,尚望尘莫及。且多半为政党之机关报。无五年以上之寿命。甚至持论偏激,不合于中国之社会情况,徒纷乱青年之思想,使彷徨无措,沦入左道,国家政治离轨愈远者有之矣。此类杂志,有之反不若无之为愈也。

(参考 Couling, *Encyclopaedia Sinica*。)

学校 科举时代,我国教育制度至为简单。教育机关仅私塾与书院。私塾程度高低,无人过问。书院为政府所立,备学人读书考绩,每月助寒士若干养生费。学子所学者,仅文学一门而已。中国与西洋接触,自明武宗正德以来,已四百余年。西洋文化教育高于中国,直至最近,中国人始知之。明代四译馆、清乾隆时之俄罗斯文馆皆仅教育通译人才,并非欲学得外国之长也。近代最早之学堂为同治元年(西元1862年)所设之北京同文馆。初亦仅备造成翻译人才。以后逐渐增设他科。同文馆聘美国人丁韪良长其事。光绪二十四年改为京师大学堂,分科教授。以孙家鼐为管学大臣,余诚格为总办,仍以丁韪良为总教习。实权皆在丁韪良。科学课程,管学不能问。时本国人留学外国大学,归国者极少。故求西学者恒于教士。戊戌政变,新政悉罢。惟大学以萌芽早,得不废。庚子之乱后,以张百熙为管学大臣,谢去丁韪良,以吴汝纶为总教习。办七科大学。汝纶至日本调查学务。值学潮,被逸罢归,旋卒于乡。张鹤龄以副总教习主教务。不久,张百熙亦被挤而谢绝学务。张之洞入枢府兼管学务。继续七科大学计划。与张鹤龄论学科不合。鹤龄辞去。以后主其事者为张亨嘉、李家驹、朱益藩、刘廷琛、劳乃宣、柯劭忞、严复。入民国改为北京大学校。长其事者,初为马相伯、何鞠时、胡仁源。皆无甚影响于国家政治。民国六年后,蔡元培长北京大学,乃与政治发生密切关系。而学校纪律亦随时势日益废弛。故毁誉不一。但其影响于革命及文化运动之巨,则人人承认之也。北京大学以外最早之学堂,为张之洞于光绪十九年在湖北武昌所办之自强学堂。分方言、算学、格致、商务四斋。毕业数班。不久停办。亦颇为当时言时务者所重视。光绪二十一年,北洋大臣王文韶奏设天津中西学堂。主谋者为盛宣怀。

中西学堂即今之北洋大学堂,又曰北洋工学院也。当时分为头等、二等。头等学专门学,分工程学、电学、矿务学、机器学、律例学五门。是中国学校有专门学之始。二等学校,仅为预备学校。学西文四年,挑入头等学校。头等学堂总理为伍廷芳。二等为蔡绍基。总教习为美国人丁家立。丁时充天津美国副领事也。光绪二十三年,盛宣怀又奏设上海南洋公学,以美国人福开森为总教习。校中分师范院、外院、中院、上院。师范院即师范学堂也。此为中国有师范学堂之始。外院即日本师范学校附属之小学院也。中院即北洋之二等学堂,上院即头等学堂也。各院皆四年毕业。南洋公学即今上海交通大学。北洋、南洋两校培植各种人才甚多,有功于输入欧化尤伟也。光绪二十八年,义和团乱后,英人李提摩太提议在赔款中提出银五十万两,创办山西大学,以启民盲,俾以后不致再酿排外仇教之祸。主持其事者初皆为英人。以后交还中国人自办。山西地方偏僻,其大学仅于本省有相当影响。而在全国,则视上方数校有逊色矣。以上皆在学制系统未建立前之学堂也。此外又有海陆军专门学校。与中国近代之欧化输入亦不无相当影响。最早之军事学校为天津武备学堂,创于光绪十二年。主其事者为李鸿章。教员皆为聘自德国之兵官。义和团乱时,此校被毁。和议成后,迁于保定。以后改为军官学校。中国军队之欧化,此校影响甚大。

(参考舒新城:《中国教育史料》。)

第三章　无形之欧化即欧洲思想文明之输入

第一节　宗教思想

《尚书·舜典》记舜受尧禅后,"类于上帝,禋于六宗,望于山川,遍于群神"。类、禋、望皆祭名也。六宗者,时、寒暑、日、月、星、水旱诸神也。《舜典》所记,可以见上古时代中国之宗教为多神教。各神之中,上帝最高。上帝为昊天之神。故古书上"天"字有时与"上帝"同义。中国古书上所记"天"与"上帝"之能力,多与今代基督教所言上帝(God)相同。基督教《圣经·创世记》言上帝于七日之内,创造天地人物。而中国《诗经》言"天生烝民,有物有则"。《书经·仲虺之诰》云:"惟天生民有欲,无主乃乱。"是中西相同者一也。基督教言上帝能降福赏善,降灾惩恶。而中国《书经·皋陶谟》曰:"天讨有罪,五刑五用哉。"又《汤诰》曰:"天道福善祸淫,降灾于夏,以彰厥罪。"又《伊训》云:"惟上帝不常,作善降之百祥,作不善,降之百殃。"是中西相同者二也。基督教徒信人之福泽,以至衣服饮食,皆由上帝赐予。《论语》卷十云:"尧曰,咨,尔舜,天之历数在尔躬。允执其中。四海困穷,天禄永终。"是中西相同者三也。

中西所信上帝之能力，固多相同，但亦有不同之点。基督教为一神教，上帝之外，无所谓六宗、山川、群神。此其不同之点一也。中国所谓作善降之百祥，作不善降之百殃，要皆当人之生时而然，而基督教则有天堂、地狱之说，为处置人死后赏罚问题。孔子，大圣人也，祖述尧舜、宪章文武，所表彰之道德，皆为个人在人群社会中所应当然之事。至若死后如何，则孔子对季路之问，已言未知生，焉知死矣。死后灵魂之升天堂，或下地狱，与夫因报拔济诸说，孔子以及其他春秋战国诸子，竟无一人言及者。汉武帝罢黜百家，儒家思想统一全国。人所信者，一种为人之道，孝悌忠信而已。东汉以后，佛教传入中国。天堂地狱，因果报应诸说，大为昌明。而展转轮回，尤娓娓动听。补秦以前中国圣人所未言之阙。予人以心理上一大安慰。加以自汉末至唐中叶，佛教书籍，译成汉文者，几于汗牛充栋。其内容如何，姑不必论。其量之多，已足惊人。文人学士，于年老倦政以后，辄喜披览，以度残年。印度哲理，自有其圆密之处，可以使仁者见仁，智者见智，细绎不尽。是以佛教入中国，至唐时已根深蒂固，虽数经摧残，而始终无损于其流行。基督教唐太宗时入中国，唐武宗时禁绝。元时再入中国，元亡亦随之而消灭。明万历中，三次入中国。流传至今。计其信徒，天主教约有三百五十万人，耶稣教约有四十万人。合计约四百万人。由万历九年（西元1581年）利玛窦初入中国，迄今已三百五十余年之久。所得信徒人数，乃如是之少，而在社会上之势力亦不巨。不可不谓之失败矣。其失败之理由，可约略分述如下：（一）基督教教规太严谨，不肯与中国礼俗调和。以致教徒与国人隔膜，如异国人焉。例如帝制时代不跪拜皇帝，不拜祖宗牌位，不拜孔子。以致有清一代，无一教徒能充达官，能在政界占势力者。中国群众，皆唯士大夫阶级之马首是瞻。教徒地位不高,如何使普通人民对之有信仰。此为其教之不能大行,大原因之一也。(二)鸦片战争以后,教士利用外国政治势力,压迫中国,欺凌中国人,袒护教徒,不守中国法律。以致民众对之感情甚恶,酿成义和团仇外之举。庚子之乱以后,中国受重创,教中人亦改变政策。然普通人视教徒,犹多怀旧观念,视之几如异类也。(三)基督教入中国最后,中国为开化之邦。人伦道德之教则有孔子;死后因果,与灵魂处置,又有佛教。池中容量已满,先入为主。他教欲从新而灌入,自不容易。(四)基督教无轮回再生之说,予人之希望较佛家为小。(五)今代中国基督教徒无古代佛教徒之热诚。对于基督教中之哲理书籍,甚少翻译。仅一部《圣经》,不足引起中国人之敬信。(六)宗教信仰心在西洋亦已衰落。来中国之西洋人多有攻击宗教者。谓社会改良,国家富强,专在教育而不在宗教。尤以最近由俄国输来各种新思想,足以完全倾覆各种宗教也。

第二节　伦理思想

我国古代伦理道德观念,皆渊源于孔子。三纲五常之说,革命家举为诟病。而细审之无足病也。人生在世,不能离群而孤立也。既有群则小者为家,大者为国。家与国之团体中,必有一种结合力,以维系此团体,使之不涣散,不瓦解。此结合力为何?即一种自然发生,所应当然而起之道德观念也。此道德观念,儒家综合言之,即"君为臣纲,父为子纲,夫为妇纲"。"父子有亲,君臣有义,夫妇有别,长幼有序,朋友有信",今代革命家举此以为诟病者,无非因三纲五常之中,有"君臣"二字与共和政体不合,与自由平等主义矛盾。殊不知"君臣"二字不过在古代人群社会中代表"上下"而已。人类文明,不论如何发达,而发号施令之机关,不能阙也。不能人人发号施令也。在下者对于发号施令者,不能不负服从之义务也。发号施令者之地位,在古代以力取之。近代民权发达之文明诸国,则由人民选举出之。由选举出者,不论其称号为总统,为首相,为委员长,而人民未有不服从者也。故君臣二字虽不必有,而服从之义务,不论何种政体之下,不能阙也。至若"父子有亲,夫妇有别,长幼有序,朋友有信",则不论何种宗教,何种政体,何种主义,未见其提出可废之理由也。今之革命家喜新厌旧,打倒一切旧物。举所有中国旧伦理而推翻之,而又无新伦理而代之。使全国彷徨歧途。全社会成父子无亲,上下无义,夫妇无别,长幼无序,朋友无信之状态。人群国家,涣如散沙。此仅全人口中百分之二三知识分子所造成之恐慌也。若造乱分子更增加至数十倍,则其乱之情况,更为扩大可以想见。以前人惧亡国灭种者,今则未有外国来灭中国,而自己已将中国灭亡。未有外人来灭吾种,而吾人已自相残灭矣。

第三节　政治思想

吾国古代政体之组成,亦完全依儒家学说而成。"天下之本在国,国之本在家,家之本在身。""身修而后家齐,家齐而后国治,国治而后天下平。"国者,家之放大者也。君为一国之长,犹父母为一家之长也。故又称国君为人民父母,而人民为国之"赤子"也。齐景公问政,孔子对以君君、臣臣、父父、子子。君之所以君,臣之所以臣,其道甚不易。孟子告齐宣王曰:"君之视臣如手足,则臣视君如腹心。君之视臣如犬马,则臣视君如国人。君之视臣如土芥,则臣视君如寇雠。"此言国君不可妄自尊大,漠视民意也。君臣之间,感情相对而生。"洪范九畴"教为君之道也。国君无道,则人民可以革命。革命者革天命也。君主皆受天命而为天子也。一代受命,必有河图洛书,为天命之据。汉高祖以平民革命成功,不得不假托斩白蛇,神母夜号,刘媪夜出,震电晦冥,有龙蛇之怪。以后历代受命,皆有灵瑞符应。班彪《王命论》,可以代表此说。盖圣人惧人人不安本分,欲为天子而革命也。乃不得不以神道设教,以杜愚妄,而免绝之战争也。中国自有史以来,国家即依此组织。唐虞禅让,为终身帝制。继位人由前帝荐之于"天"。使之主祭,而百神享之。使之主事,而百姓安之。摄政多年以后,尧老乃禅位焉。舜亦如之。至禹而传子不传贤。家天下之局以定。四千年来如一日。未尝有何变更也。四邻诸国政体若何,亦无影响于中国也。契丹初起,八部酋长,皆由选举而来,三年更代。耶律阿保机立,诱杀八部酋长,自立为帝不受代。蒙古未入中国前,有库里尔泰大会。国君死,推选新君。候补新君,亦皆前皇之子也。至忽必烈,则不待大会选举而自立为帝。库里尔泰大会,由是而废。据中国史书所载,国君由选举者,仅此二例而已。契丹蒙古,初皆为游牧民族。文化稍进,即废除选举制也。清末,国势衰微,外患日烈。忧时之士,求本国致弱之原,初以为仅枪炮兵器不如外人。甲午中日战后,更进一步,求其原因,以为政治不良,上下隔膜之故。康有为等公车上书,求变法维新。效法外国开议院,万机决于公论。于是有戊戌百日之变法。不久新政尽为守旧党所推翻。西太后复垂帘训政。康、梁皆亡命海外。至光绪二十六年酿成八国入侵。创痛巨深,清廷始又稍稍恢复新政,废科举,立学校。筹备立宪而又踟蹰怀疑。同时民间,亦皆知旧文化不足救亡。求新知识之欲望甚切。留学西洋者接踵途间。而日本距中国仅一衣带水。学费甚廉,文字又近。各省往日留学者,数达万人以上。各种新思想、新学说,犹如怒潮,输入中国。输入新思想、新学说,最有功者,首推梁启超。梁在日发刊《新民丛报》、《新小说》、《国风报》等。以平易畅达,条理明晰之文,灌输各种新学说、新思想,尤具特别魔力焉。次为严复。严为早期西洋留学生。国学湛深,沟通中西学术,译西洋哲学书甚多。梁氏《新民丛报》中关于西洋政治思想之输入者:(一)为卢梭(Rousseau)"民约论"。(二)为孟德斯鸠"三权鼎立说"。前者为鼓吹革命,后者为建纲立国。两说于一百六十年前,在欧洲皆有极大势力。卢梭谓人类聚合,最古而最自然者,莫如家族。一夫一妻之相配,实由契于情好,互相承认而成。是即契论之类也。既曰"契约",则彼此之间,各有自由之义存矣。不独此也,即父母之于子亦然。子之幼也不能自存。父母不得已而抚育之,固也。及其长也,独相结而为尊卑之交。是实由自由之真性使之然,而非有所不得已者也。世人往往称家族为邦国之滥觞。夫以家族之亲,其赖以久相结而不解,尚必借此契约,而况于邦国乎?众家族既各因契约而立矣。浸假而众家族共相约为一团体,而部落生焉。浸假众部落又共相约为一团体,而邦国成焉。所谓相约者,不过彼此心中默许,不知不识而行之,非明相告语,著之竹帛云尔。人人既相约为群以建设政府,其最上之主权,当何属乎?卢梭以为民约未立以前,人人皆自有主权。而此权与自由权全为一体。及约之既成,则主权不在于一人之手,而在此众人之意。即所谓公意者是也。中国儒家所谓天视自我民视,天听自我民听,亦即国家主权在于民众公意之谓也。为国君者,当采集民意所好所恶,以定施政方针也。儒家将天位之最高,国君代天行政,故谓之"天子"。后代天子皆敬天法祖。古代中国人头脑简单,特立一高高无形、不可即之"天",以神秘之。而天之视听,即民之视听也。卢梭以为凡邦国皆借众人之自由权而建设者也。故其权当属之众人。而不能属之一人或数人。实而言之,则主权者邦国之所立。邦国者众人之所有。主权之形,所发于外者,则众人共同制定之法律是也。卢梭又曰:一邦之民,若相约拥立君主,而始终顺其所欲,则此约即所以丧失其为国民之资格而不复能为国也。盖苟有君主,则主权立即消亡。卢氏据此真理,以攻击世袭君主之制,及一切贵族特权之政治。卢梭又以为主权者惟国民独掌之。若政府则不过承国民之命,以行其意欲之委员耳。国家成立之原因,卢梭阐明尽矣。其说在欧美,影响甚大。美国独立,法国革命,皆受其赐。梁氏仅为提要之叙述。当年曾有某君,自日文译成汉文,订为两册。似亦不全。入民国后,马君武直接自法文将全书译出。国人始见此名著全豹。庚子之乱后,虽无全部译文,而其影响于中国青年革命思想甚巨。卢梭学说将中国四千年来家天下之观念,完全打破。盲目之清廷,不知顺应潮流,变法立宪,以安民心,而存满汉偏见,激成辛亥革命。今者全国百分之九十人民,不识不知,毫无共和之程度。百分之十知识分子尤其当权者中,又多自私自利,只知升官发财,无毫忽为国为民观念。下至绿林暴客,贩夫走卒,不知共和国民之义务,徒知撷掇民主政治之口头禅,蠢蠢然争为总统、元帅、方镇、军长矣。人伦、道德、服从义务、组织人群社会根本要义,荡然无存矣。民国成立至今二十二年,无一微之建设。武夫文士,或为

第三章　无形之欧化即欧洲思想文明之输入

物质之摧毁,或为精神之破坏。外则蒙古、西藏,东北四省,"脱离"中国,不许中国人往矣。内则贪官污吏,变兵盗匪,遍于全国。民不聊生。辛亥以前,热心革命之书生,至此亦无可奈何,仰天喟叹而已。

　　第二种西洋政治思想梁氏输入者,为孟德斯鸠"三权鼎立"说。三权者,立法、行法、司法是也。孟氏谓立法、行法二权,若归于一人或一部,则国人必不能保其自由权。何则,两权相合,则或借立法之权以设苛法。又借其行法之权而施此苛法。其弊何可胜言。司法权若与立法权,或与行法权,同归于一人或一部,则亦有害于国家之自由权。盖司法权与立法权合,则国人之性命及自由权必致危殆。盖司法官吏,得自定法律故也。司法权与行法权合,则司法官吏将借其行法之权,以恣苛虐故也。若司法、立法、行法三种合而为一,则其害更大,自不待言。孟氏名论,西洋各国皆采行之。中华民国成立亦仿行此制。孟氏学说载于所著之《万法精理》。梁氏亦仅为提要之叙述。张相文自日文何礼之本有全译。颇有为润文人误改之处。严复自英文本译出,名曰《法意》。自法文直译之本至今尚无。以上皆民主政治学说也。

　　最近俄国革命以后,有两种新主义产生于欧洲。一为共产主义,创于德国人马克思,而试行于俄罗斯。与俄国人性情社会,多不相合。致饥馑屡起,饿死人民数百万。其首领见道穷不通,已大变前计。现所行者,实国家社会主义也。二为因抵御共产而起之法西斯主义。创于现在当权之意大利首相墨索里尼,仿行于土耳其、德意志,皆有相当成绩。此两种新主义,现亦皆输入中国。共产主义之书出版甚多,惜亦皆如以前梁启超之输入民主政治。断章不全。法西斯主义之书尤少。兹特再略述如下:

近百年来，欧美各国工商大兴。资本主义极为发达。富者益富，贫者益贫。于是而有限制资本家之各种政策。英、美、法、德诸国有遗产税、所得税等。其本愈多而税益大。亦即限制富者愈富之意。但抽税终有止境，不足以限制大资本家之产生也。于是而有马克思共产主义之发生。主张各种工商业、房屋、土地、矿山、铁路、六畜等，皆归国有，由政府经营。人民作工为一种义务。人人必须作工。无工资。人民饮食衣住所资，皆由政府发给。不许人民有私产。如是则一国之中，无富人亦无贫人。人人皆有工作，有衣食。斯诚理想之大同世界也。欲行此主义，必须将现有私产，悉行没收。私产制度，行之已数千年。人人皆不免有自私自利之心。农人终年勤劳所收获者，皆被政府派人征收以去。于是不甘心工作，或埋藏所获于地下。工作效能，大为减少。饥馑屡起。职是故也。没收现有私产，又岂人人所乐。俄国试行此制，经莫大牺牲，扞格不行。不得不改回至旧制。许人民私有土地，私有储蓄，但加以限制而已。民国九年，俄国派加拉罕为驻北京公使，广事宣传。中国知识阶级闻其说而好之。北京各学校几为宣传共产之中心。孙总理欲革命之速成，倡国民党、共产党合作。在广州成立之国民政府，容纳共产党人。民国十五年，武汉政府成立，共产党大炽。及南京政府成立，国共分立。而共产党群趋江西，另组政府。蔓延各省。江西、湖南、湖北、河南、安徽、四川，无不有其势力。俄国人行共产，及其他欧洲各国之有共产党，皆为拥护主义。中国之共产党，除极少数万分之一书生相信学说者外，余皆为因饥寒压迫而流离失所之贫民。共产主义理论上确为佳美，为世界进化之极轨，为儒家大同主义。但吾所关注者，中国进化至何地步，才能行共产主义也。吾兹特引今年3月8日，英国下议院两党员之辩论，借伸吾疑。社会党员马格斯敦(James Maxton)为左派激烈份子。发言曰："鄙人近来考察结果,解决人民中枢问题之先,信仰旧社会秩序之心理,必须扫除,而以他种主义代之。从根本上重新建造。方可使社会安宁,民众欢乐。吾人今实生于革命时代。旧存之经济与社会秩序,日趋崩溃。其证明可于各种日报见之。世界各处商业上罪恶与衰弱,记不胜记。旧时制度及道德之法律,用以维持以前各种秩序者,亦信誉日趋崩溃矣。"马氏说毕,自由党员霍勃京生(Hopkinson)起而驳之曰:"鄙人深信以改变制度为求达进步之方法,实为缘木求鱼之举。人类全部历史,确实指示吾人,若男女个人不先改革,则绝无进步可言。欲求进步,必须社会中大多数人肯为国家工作,献其劳役与其生命于群众。而不为私人谋福利。当今世界上大多数男女,尚无此精神。故资本主义制度得以生存。此种制度,乃代表一种情况,在大多数男女皆自私自利,无公共心之社会中,必然发生之结果也。当今之世,男女不先自革心洗面,而欲骤然实现理想社会制度,其真为大愚大错矣。"马氏与霍氏皆英国人也。各就所见而言。马氏之党,在国会中占少数。霍氏所言,博多数人同情。英国为世界上一等强国,文明程度最高,言论最自由之国家。政府所采政策,取决于多数人民投票。多数人民欲保守即保守,欲共产即共产。绝无压迫不自由之事。尚有霍氏一针见血之言。大多数英国人慎重行事。现今并未采行共产政策。中国人文明程度较之英国人何如?自私自利之心与洁己奉公之念,较之英国何如?无英国人之程度,与洁己奉公之心,而欲行英国人所不敢行之政,吾实未见其可也。中国四千年家天下之历史,即足证明中国人为世界上最自私自利之民族也。共和政治,总统首相,由人民投票选举,四年或七年一任,下野后与平民侪伍,中国自有史以来所未见也。圣帝贤王,功德利民,足以垂范后世者,史不绝书。而实不过使人民濡恩怀惠,不叛乱,不反上,巩固其家,作子孙万世之业耳。所谓私之至则为公也。中华民国第一任大总统袁世凯可以代表中国人也。既充终身总统,而又复欲为皇帝。一生所作所为,一举一动,皆为自私自利,以遂其家天下之欲。彼为一国元首,举动俱为天下人所注意,所知悉。至若其下之督军、镇守使、师长、旅长、团长、营长、连长、排长以至士兵;文官则自国务总理,各部总长、司长、科长、科员以至录事;外官则自省长、道尹、县长,下至学校学生,实亦无一不抱升官发财,显亲扬名,光荣里第之自私自利之观念。以世界上最自私自利之民族,而欲行人类进化极轨,大同世界,至公无私之共产主义,焉得成功。

因共产主义勃兴而发生之法西斯主义,创始于意大利人墨索里尼。墨氏至今尚为意国首相。其说近亦传入中国。法西斯,意语"棒"也。法西斯主义者,国家主义也。墨氏于十年前,创此主义时,意大利国亦几落入共产党手中。墨氏倡法西斯主义以抵抗国际之共产主义,保守现今资本制度,行一党专制政策。意国自墨氏执政以后,秩序恢复,进步甚速,建设甚多。当初反对党人对之颇多抨击。十年以来,国人见其行政卓有成效,亦能谅其苦衷。他国苦于政党意见纷歧,及为工商凋败,经济恐慌,造成数千百万人失业,共产党人日增者,亦渐仿之。如德国之希特勒党人,最近亦步墨氏政策,而实行狄克太透制矣。近十年内,他国在各种政体之下,仿行狄克太透制者,有波兰、南斯拉夫国、捷克国、匈牙利、西班牙、土耳其、日本、德国。即民主政治发源地之英、美二国,亦感于在民主政治下,应付现今千变万化之时局为艰,渐趋于狄克太透制矣。英国现在执政之麦克唐纳内阁,合国中保守、自由、工人三党领袖组成。放弃数百年来之政党内阁。俾得举国一致之拥戴,可以临机应变,以对付内外难题。美国新总统罗斯福就职于银行大恐慌之际,亦要求国会,付以临时独裁之权,不必先咨询国会。全世界狂澜滔滔,所到之处,民主政治皆被席卷而去,代以有威权有势力之独裁政府,指挥民众矣。即共产政治之俄国,在斯大林独裁政府指挥下,成绩斐然可观。第一五年计划成功,又进行第二五年计划矣。政治循环,由共和变数人专制;由数人专制,变一人专制;由一人独裁复变共和。欧洲古史,昭然若揭。近代欧洲人行民主政治已百余年。今潮流所趋,其将复返专制乎?中国历史既如此,而人民程度又如彼。民主代议政治既失败,共产主义又兴起,中国政府鼓吹意大利之法西斯主义下之狄克太透制,盖亦有因,唯推行法西斯主义,须有墨索里尼、希特勒之魄力,与为公无私之心。否则徒为袁世凯第二而已。一言以蔽之,各种政治,各种主义,各种思想,皆不过为解决民生问题。各国政治家视其国情而采取相当办法。取其办法而加以名辞。欲达目的,皆以洁己奉公为最要。断无专为自私自利,升官发财,即能成事也。中国人近数十年,专剿袭外国文章,各种政体,主义,思想,无不输入而行之无一成功。淮橘成枳,当知所省。革命当先从革心入手也。《大学》所谓"欲治其国者,先齐其家。欲齐家者,先修其身。欲修其身者,先正其心。欲正其心者,先诚其意"也。

(参考梁启超:《饮冰室合集》;夏文运:《意大利法西斯运动》;佩萱、魏谷合译:《墨索里尼自传》;Ivy Lee, *Information*, No. 113, *Capitalism and Democracy*。)

第四节　学术上各种思想

进化论　进化论创始于英国人达尔文(C. R. Darwin)及瓦拉斯(Wallace)。达尔文所说,尤为精邃。达尔文以为生物变迁之原因,皆由生存竞争,优胜劣败之公例而来。而胜败之机,有由于自然者,有由于人为者。由于自然者,谓之自然淘汰。由于人为者,谓之人事淘汰。淘汰不已,而种乃日进矣。适者生存之理,不独验之于禽兽草木为然,即人类亦然也。古希腊之斯巴达人对于子女之初生也,验其躯格。若有尫弱残废者,即弃之杀之。无俾传种。惟留壮健者,使长子孙。以故斯巴达人以强武名于时。自达尔文选种之说昌明,各国教育事业,大有进步。当今文明世界,虽不用斯巴达人野蛮手段,然知人之精神与体魄,皆能因所习而有非常之变化,故各国学校益注意于德育、体育之两途。所谓适者生存,非仅为其本体之生存而已。必以己之所以优所以胜之智若力,传之于其子。子又传之于其孙。久而久之,其所特有之奇材异能,益为他物所不能及。于是其当初偶然所得之能力,遂变而为一定之材性。驯致别为一种族而后已。此种之变迁所由起也。今世界万物骈列于目前者,其先必皆有所承袭而来。最始同本于一元。现今生物界,不过循过去数十万年自然淘汰之大例。由单纯以趋于繁赜而已。人类亦为生物之一种。不能逃此公例。最初亦从下等动物,渐次进化而来。达尔文将其毕身研究所得者,著之于其所著之《种源论》,出版于1859年(咸丰九年)。关于人类之研究,著之于《人祖论》,出版于1871年(同治十年)。达氏进化之说一出,无论政治、学术、哲学、宗教、社会各种思想,皆受其影响。几于另产一新天地也。最先输入达氏进化说于中国者为严复。严氏于光绪二十四年(西元1898年)译出英人赫胥黎之《天演论》,即东人所称之进化论也。严氏译出书籍颇多。此书为其最初译作,亦最有影响于中国思想界。严氏他作,皆无此书流行之广也。赫胥黎之《天演论》仅进化论之小绪言而已。达尔文之名,亦由严氏介绍于中国士人。梁启超《新民丛报》有短记,题曰:"天演学初祖达尔文之学说及其略传。"达氏《种源论》原书,入民国后,马君武始有全译。过耀根《近代思想》中亦有短篇叙述。达氏之《人祖论》则至今无译本也。

西洋哲学 西洋哲学范围大矣。哲学家多矣。每一种哲学,或每一家哲学,各为数行之叙述,即可成为巨册。非吾此篇范围所宜言。读者自有西洋哲学史可供翻阅。吾今仅总述西洋哲学之输入中国之经过耳。查最先输入西洋哲学于中国者为明末天主教教士傅泛济(F. Furtado),傅氏与李之藻共译希腊哲学家亚利斯多特勒之《寰有诠》六卷、《名理探》十卷。二书虽久译出,而迄未刊印。《名理探》至民国十五年,北京辅仁大学始为出版。《寰有诠》则尚未见世。由明末迄清末,二百五十余年,西洋物质文明之科学,久已陆续不绝输入中国。而西洋思想文明之哲学,则迟至庚子乱事前后,始由严复重启障幕而输入焉。严复译有穆勒《名学》、《群己权界论》,斯宾塞尔《群学肄言》,虽皆为名著,但皆绪言之类,而非大部原书籍也。大部原书籍,至今尚无一部译出。所输入者,皆断章不全之学说也。哲学玄妙,哲学书文辞亦多深奥难明,非浅陋所可解。其于社会影响实甚大,但无切实用途,近于清谈。即在欧美哲学家亦渐少,而群趋于科学。古代希腊人所称哲学范围,多被科学侵夺。古代哲学范围内之科学,在近百年内,前后脱离哲学而独立矣。中国人学哲学者甚少,与哲学书籍之甚少译成汉文,由是故也。兹就片断翻译,中国人所知西洋哲学,记之如下:英国培根之实验派,亦名格物派之学说,及法国笛卡儿之怀疑派,亦名穷理派说,德国哲学家康德之学说,古代希腊哲学家苏格拉底、柏拉图、亚里斯多德,英国人颉德、边沁、斯宾塞尔、伯伦知理、斯密亚当等学说,梁启超《新民丛报》皆有叙述。斯密亚当之《原富》,严复有全译。唯严氏好用古文怪字,使一般人不能读。书虽译出,而影响于中国人之经济思想甚微也。入民国后。东西洋留学回国者颇多,对于西洋哲学如尼采之超人哲学,托尔斯泰之人道主义,詹姆斯之实用主义,欧根之理想主义,柏格森之直观哲学,皆由片断之译文输入。各大学亦多有哲学系。各教授虽无著译之输入,而为口授之输入,其功亦不浅。近来传西洋哲学有声誉者为张嘉森与张东荪二人。此外又有原学西洋哲学,归而用西洋条理整理中国旧哲学有声誉者,为胡适与冯友兰二人。

(参考梁启超《饮冰室合集》;《清代学术概论》;过耀根《近代思想》。)

第五节 艺术思想

文学改革 中国旧文学艰难,不足以代表现代社会思想,应新时代之需用。谋求易以浅近文体者,前已有人。而迄无适当新文学以代旧文学。清末,梁启超用一种平易畅达,杂以俚语韵语及外国语法之文,编纂各种杂志,号"新文体"。一时海上杂志日报竞效之,风靡一时。清末国人思想,多受此种文体之影响。梁氏自谓其新文体纵笔所至不检束,老辈则痛恨,诋为野狐,然其文条理明晰,笔锋常带情感,对于读者别有一种魔力焉。梁氏文体较之以前旧文学,已浅易多矣。民国七八年时,陈独秀主持《新青年》杂志,倡用白话文,胡适和之。一时教育界中人多赞成之。复以政府之力,在中小学校推行之。现在白话文已征服全国矣。白话文较之梁氏文更为易学。诚为普及教育之利器。文与言合一,与欧洲各国相同矣。唯白话文与旧时文言距离太远。小学六年全读白话文。中学初三年,国文课程时间,十分之七,又用之白话文。后三年,仍有十分之三时间用之白话文。入大学后,分科治专门学。无暇再治国文。各科学生理应可以如意参阅中国书籍,运用中国文学以达其意矣。然近年以来,入大学学生不能读文言书,句读不辨者,日益增加。对于旧文学,几等文盲。甚至大学已毕业,而文言不通者多矣。参阅中国旧书,因觉困难,而俱弃之不读矣。此种情形甚为危险。本国人不能读本国书,将失去自己民族特性,忘其祖宗历史。此与法国人灭安南、日本人灭朝鲜何异。教育家急宜设法矫正,学生在中学期用于文言时间,宜多于白话文也。民国八年,北京大学文科又刊布标点法。将西国标点符号,施之于中国新旧文学。迄今出版书有完全采用西国标点法者,亦有仅用逗句及人地名、书名诸符号者。以前中国书无标点法,诚为中国文学发达上一缺点。甚多古书,如《元典章》等,无从句读,或极可疑,又如各史《四裔传》,或辽金元史外国地名、人名,数个相联者,莫辨名姓。标点法输入以后,此种困难疑窦,可以尽去。近代欧化有益于中国文艺,中国文艺亦受世界潮流而欧化矣。胡适倡议文学须研究白话小说。各大学国文学系,多增小说课程。而郭沫若及周树人、周作人兄弟皆以作白话新小说,或译外国小说名于世。

西洋美术　美术者绘画、雕刻、塑像诸艺术也。中国人自昔以百工为小技。绘画、雕刻、塑像皆在小技之列。唐初阎立本以丹青见知,与厮役等。戒子慎毋习。社会所尚可知。故美术在中国不甚发达。尤以宋代以后,益不昌明。宋太宗尝下令不许百工与文人齐等。在上既不以为倡,而在下者益废弛矣。较之西洋美术名家,一画值钱百万,为全世欢迎,与中国相去真天渊矣。近今西洋各种文化如怒潮之输入中国,然美术则输入极缓而最后。诚以美术为太平时代之装饰品,而一时习尚又不易改革。方今全国鼎沸,民生困苦,社会对此无需要,教美术者不足以立足也。民国以来,最先提倡美术者为蔡元培。蔡氏曾以高年留学德国。甚留心于西洋美术。曾助德人蒙斯脱白格著《中国美术史》。民国六七年间,充北京大学校长时,曾提议于教育部,在北京立艺术专门学校。内分中国美术及西洋美术两部。但学校成立以来,为时代政治潮流所驱,风潮屡起,校纲废弛。不免有负于提倡人之初心。近则教育部已有令结束矣。上海有私立美术专门学校。成绩尚佳,国中传授西洋美术著声誉者,有刘海粟及汪亚尘二人。

附录

三百年前菲律宾群岛与中国

一

南洋各岛与中国交通,其期甚早。上古时代,或已舟楫往来。故近代人种学家谓闽粤两地之人,有马雷人血统也。爪哇诸岛,在晋世已通中国。惟菲岛虽密迩中国,而见诸记载,则最次也。

《宋史·外国传》有毗舍耶国在流球国旁。"语言不通,袒裸盱睢,殆非人类。淳熙间(西元1174至1189年),国之酋豪,常率数百辈,猝至泉之水澳园头等村,肆行杀掠。喜铁器及匙箸。人闭户则免,但刓其门圈而去。掷以匙箸,则俯拾之。见铁骑,则争刓其甲,骈首就戮而不知悔。临敌用标枪,系绳十余丈为操纵,盖惜其铁不忍弃也。不驾舟楫,惟缚竹为筏;急则群舁之,泅水而遁。"(见《宋史》卷四九一,又见赵汝适《诸蕃志》卷上。)毗舍耶即今菲律宾群岛中部(Visaya)诸岛也。《诸蕃志》谓"语言不通,商贩不及。与澎湖密迩,烟火相望。时至寇掠,其来不测,多罹生啖之害,居民苦之"。可见其常至中国也。

元时,中国与菲律宾群岛无政治上关系。元顺帝至正中,江西南昌人汪大渊者,字焕章,尝附贾舶浮海,越数十国,数年而后归。纪所闻见,成《岛夷志略》一卷。清末,吾国学人研究此书者,有沈曾植(字子培)之《岛夷志略广证》,日本人藤田丰八有汉文校注,刻入《雪堂丛刻》中。西洋人研究之者,亦颇有之。虽从诸家研究,亦未能一一证明,究为今代何地也。吾特就吾所能知之菲律宾诸地录出于下:

A. 毗舍耶(Visaya) 僻居海东之一隅。山平旷,田地少,不多种植。气候倍热。俗尚房掠。男女撮髻,以墨汁刺身,至于颈门。腰缠红绢,系黄布。国无酋长。地无出产。时常裹干粮,棹小舟。遇外番,伏荒山穷谷无人之境。遇捕鱼采薪者,辄生擒以归。鬻于他国,每一人易金二两重。盖彼国之人,递相仿效。习以为业,故东洋闻毗舍耶之名,皆畏而逃焉。

B. 民多郎(Mindoro) 临海要津。溪通海。水不咸。田沃饶。米谷广。气候热。俗尚俭。男女椎髻。穿短皂衫。下系青布短裙。民凿井而饮。煮海为盐。酿小米为酒。有酋长禁盗;盗则戮及一家。地产乌梨木、麝、柂木、棉花、牛、麂、皮货;用漆器、铜鼎、阇婆布、红绢、青布、斗、锡、酒之属。

C. 苏禄(Sulu) 其地以石倚山为堡障。山畲田瘠。宜种粟麦。民食沙湖鱼虾螺蛤。气候半热。俗鄙薄。男女断发,缠皂缦,系小印花布。煮海为盐,酿蔗浆为酒。织竹布为业。有酋长。地产中等降真条、黄蜡、玳瑁、珍珠,较之沙里八丹第三港等处所产者优。苏禄之珠色青白而圆,其价甚昂。中国人首饰用之。其色不退,号为绝品。有径寸者。其出产之地,大者已值七八百余锭,中者二三百锭,小者一二十锭,其余小珠一万。上两重者或一千。至三四百两重者,出于西洋之第三港。此地无之。贸易之货,赤金、花银、八都剌布、青珠、处器、铁条之属。

明时,菲律宾群岛与中国交通更繁。《明史》(卷三二三)云:"吕宋居南海中。去漳州甚近。洪武五年(西元1372年)正月,遣使偕琐里(Soli)诸国来贡。永乐三年(西元1405年)十月,遣官赍诏抚谕其国。八年(西元1410年)与冯嘉施兰入贡。自后久不至。"张燮《东西洋考》云:"吕宋在东海中。初为小国,而后浸大。永乐三年,国王遣其臣隔察老来朝,并贡方物。"综计明初吕宋岛与中国有三次交通。见之正史。实则人民私往者,何可以数计耶?《东西洋考》云:"其地去漳为近,故贾舶多往。"《明史》(卷三二三)云:"先是闽人以其地近且饶富,商贩者至数万人。往往久居不返,至长子孙。"菲律宾人种中,有中国人血统,见之正史矣。

吕宋之外,其他诸岛,明初与中国有交通者,尚有合猫里及苏禄。《明史》(卷三二三)云:"合猫里,海中小国也。土瘠多山。山外大海。饶鱼虫。人知耕稼。永乐三年(西元1405年)九月,遣使附爪哇使臣朝贡。其国又名猫里务(Palawom)。近吕宋。商舶往来,渐成壤。华人入其国,不敢欺凌。市法最平。故华人为之语曰:'若要富,须往猫里务。'有网巾礁老者,最凶悍。海上行劫,舟若飘风,遇之无免者。然特恶商舶不至其地,偶有至,待之甚善。猫里务后遭寇掠,人多死伤,地亦贫困。商人虑为礁老所劫,鲜有赴者。"

又云:"苏禄地近浡泥阇婆。洪武初,发兵侵浡泥(Borneo),大获。以阇婆援兵至,乃还。永乐十五年(西元1417年),其国东王巴都葛叭哈剌,西王麻哈剌叱葛剌麻丁峒、王(妻)(《东西洋考》无'妻'字。证以下方三王辞归一语。'妻'字当是衍文。)叭都葛巴剌卜并率其家属头目,凡三百四十余人,浮海朝贡,进金镂表文。献珠,宝石,玳瑁诸物。礼之若满剌加(Malaeca),寻并封为国王,赐印诰,袭衣冠带,及鞍马,仪仗,器物。其从者亦赐冠带有差。居二十七日,三王辞归。各赐玉带一,黄金百,白金二千,罗锦文绮二百,帛三百,钞万锭,钱二千缗,金绣蟒龙,麒麟衣各一。东王次德州,卒于馆。帝遣官赐祭,命有司营葬,勒碑墓道,谥曰'恭定'。留妻妾仆从十人守墓,俟毕三年丧遣归。乃遣使赍敕,谕其长子都马含曰:'尔父知尊中国,躬率家属陪臣,远涉海道,万里来朝,朕眷其诚悃,已锡王封,优加赐赉,遣官护归。舟次德州,遭疾殒殁。朕闻之,深为哀悼。已葬祭如礼。尔以嫡长,为国人所属,宜即继承,用绥藩服。今特封尔为苏禄国东王。尔尚益笃忠贞,敬承天道,以副眷怀,以继尔父之志。钦哉!'十八年(西元1420年),西王遣使入贡。十九年(西元1421年),东王母遣王叔叭都加苏里来朝贡。大珠一,其重七两有奇。二十一年(西元1423年),东王妃返国,厚赐遣之。明年(西元1424年)入贡。自后不复至。万历时佛郎机屡攻之。城据山险,迄不能下,其国于古无所考。地瘠寡粟麦,民率食鱼虾。煮海为盐,酿蔗为酒,织竹为布,气候常热。有珠池。夜望之光浮水面。土人以珠与华人市易。大者利数十倍。商舶将返,辄留数人为质。冀其再来。其旁近国名高药,出玳瑁。"(见《明史》卷三二五)

二

古代中国与菲律宾群岛之交通,已详上方。华人移居菲岛。

久居不返。至长子孙。(具见《明史》。)1571年(明穆宗隆庆五年),西班牙人雷喀斯皮(Mignel Lopy de Legospi)抵马尼拉市时,见有一百五十中国人已居该城。马尼拉市归西班牙后,中国人尚有陆续往者。登岸时,西班牙人问其为何而来,辄答为"商旅"。西人误以为国名,故称中国人为"三来"(Sangleyes,"商旅"之讹音)。斐地至今仍之。当时中国人所传西班牙征服吕宋事迹云:"有佛郎机者,自称干系蜡国(Castilla,西班牙中部),从太西来,亦与吕宋互市。酋私相语曰:'彼可取而代也。'因上黄金为吕宋王寿,乞地如牛皮大盖屋。王信而许之。佛郎机乃取牛皮,剪而相续之,以为四围,乞地称是。王难之。然重失信远夷,竟予地。月征税如所部法。佛郎机既得地,筑城营室,列铳置刀盾甚具。久之围吕宋杀其王,逐其民入山,而吕宋遂为佛郎机有矣。干系蜡国王,遣酋来镇,数岁一更易。今华人之贩吕宋者,乃贩佛郎机者也。华人既多诣吕宋住。久任不归,名为压冬。聚居涧内为生活。渐至数万。间有削发长子孙者。"(见《东西洋考》卷五)

西班牙人攘有吕宋,为菲律宾群岛之主人翁。基础未固,喘息未定,即有中国海盗林道乾(名见《明史》卷三二三,吕宋西人记载作Limahouy[Dim Mhon])于万历二年(西元1574年)冬,率战舰六十二艘,男丁三千人,妇女多人,自澎湖岛驶入马尼拉湾。欲在此别树一国,作子孙帝王永世之业。在益洛柯斯(Ilocos)海滨,林氏舰队,遇一西班牙小艇,攻而捕之。岸上西班牙军官望见其事。急报告于驻肥南狄纳(Fernandina)长官撒尔赛多(Salcedo)。撒急派小艇往马尼拉报告寇惊。此艇中途亦为林氏所擒,水手脱逃。至一次围攻后,始得达马尼拉市。撒尔赛多急往救马尼拉。至第二次围攻之前,幸得参预防事。1574年(万历二年)11月林氏舰队进泊玛利维勒(Manielos)。日本人萧柯(Sioco)充林氏队官。率七百人驾小艇,在拍拉纳克(Paranaque)登岸。次晨,萧柯进袭马尼拉市。西班牙人惊惶无措,多有被擒。中国人先攻军长高梯(Gaiti)之居室。高梯被杀,其妻亦伤。西班牙人在城内者,乘隙预备。待中国人来攻城时,竟不得入。乃退回舰中。马尼拉市是特无坚城深池,守备甚弱。仅有小炮台一座,环以木栅而已。总督拉维柴立斯(Laveyaris)知林氏为大敌。惧其再来。故下令全市之人,不分昼夜,建筑守墙。自拍锡格河(Pasiy River)以迄海湾,建一长墙。置箱筒,满置沙土,俾助防守。下令全军尽心防守。撒尔赛多率五十人,适自益洛柯斯赶至,以助守城,林道乾因初次失败,切责萧柯。奖赏部下,令预备第二次进攻。能先入城中者,给以不次之赏。亲率军以励士气。分全军为三队。第一队由大街攻入。第二队由海边攻入。第三队由河边攻入。西班牙人殊死战。终不能攻入。林道乾乃航向北方,至彭加锡南(Pangasinan)登陆。作久居计,筑炮台二座,执菲律宾酋长数人为质。使其人供给食物。马尼拉西班牙人闻之,决议驱逐。不使林氏有立足地点。召集全境西班牙人之在喀玛林(Camarines)、塞布(Cebu)及益洛柯斯(Ilocos)诸岛者,组织大军。公举撒尔赛多为统帅。撒率全军,菲岛土人二千五百,西班牙人二百五十,航至林加烟湾(Gulf of Linyayen)急登陆袭击林氏军。毁其全舰队三十五艘。攻第一炮台,下之。攻第二炮台时,被击退。乃围之凡四阅月。林道乾得乘机建造新舰,载其人而他去。西班牙人在菲律宾群岛势力之未被扫除,亦云幸矣。

西班牙总督拉维柴立斯专以敲剥为能,横征暴敛,虐待土人。常执菲岛酋长二人为质,使供给西人食物。否则杀之。林道乾未入境时,拉氏竟杀二酋。土人怨愤。林氏攻马尼拉市时,土人亦皆乘机煽动四境人民,反抗西班牙暴政。执干戈者万余人。然终为西人压服,首领被杀。一时内忧外患并来,不屈不挠,终得平定。吾人固不能不服西人之毅力也。

1575年(明神宗万历三年)春,中国军官吴慕康(Omocon,译音)奉福建巡抚及漳州知府之命,率战舰二艘,追林道乾至林加烟湾,得悉林已为西班牙人围困于彭加锡南,将成擒矣,故决意归国奏报。总督拉维柴立斯遣教士二人,及侍从数人,携公牒,随同中国军官至福建,表示友谊,请求通商。巡抚优遇西使,将其请求转奏皇帝。1576年(万历四年)2月,中国使者至马尼拉宣告帝旨,允许西班牙人在厦门地方通商。(见 L. H. Fernandez, *A Brief History of the Philippines*, pp. 89—94。)

按林道乾事迹,中国记载中,仅有《明史》卷三二三"吕宋"条云:"万历四年,官军追海寇林道乾至其国。国人助讨有功。复朝贡。"此与西人记载差误一年,必因消息传至北京需费时月故也。

菲岛人口稀少,食粮维艰。西班牙人初至时,需用中国人工,开垦田亩,贸易制造。金工、雕刻、靴匠、纺织、瓦匠、绘画、挑负、捕鱼等业,无往而不需用中国人。西班牙人见中国工人勤巧,颇欢迎其来。1571年(明穆宗隆庆五年),雷喀斯皮初至马尼拉时,中国人口仅有一百五十人。至1588年(万历十六年),增至一万人。人数激增,西班牙人渐怀疑,惧喧宾夺主,将成不可抑制之势。于是设法限制来数,种种为难,使中国人住居城外营业。夜间使居一处曰阿尔开塞拉(Alcaiceria),又曰帕利安(Parian)者,乃专为中国人而建筑者也。1620年(明光宗泰昌元年)中国人居留马尼拉者,法定最多不得过六千人。数年后,又使每人每年付居留税六十四李尔(Reals),贡金五李尔,房税十二李尔。限制虽严,而来者仍日增。盖西班牙官吏,贪财好货,往往受中国人贿赂也。西班牙人虽不喜中国人,然又以必需之故,而不能去也。中国人留菲岛久者,多从岛人习俗,或改奉基督教娶土人妇女,亦有保守祖国风尚,不肯稍变。在其地全人口中,中国人口成份颇高,影响甚大。(见 Fernandez: *A Brief History of the Philippines*, pp. 94—96。)

万历二十一年(西元1593年)八月,酋郎雷氏(《明史》无"氏"字)敝里系朥征美洛居(Malucas)。役诸流寓二百五十人,充兵助战。以高肖为把总,魏惟秀、杨安顿、潘和五、洪亨五为哨官,郑振岳为通事,郭惟太等为兵。夷人偃息卧船上。使华人日夜驾船。稍倦辄棰之,或刺杀。苦毒备尝。潘和五等曰:"叛死,篡死,刺死,等死耳。不然,亦且战死。不若杀酋以泄吾忿。胜则扬帆故乡;即不胜,死未晚也。"议既定,夜半入卧内刺酋。持酋郎大呼。夷人惊起,不知所为。悉被刃,或落水死。和五等悉获金宝兵器,驾其船以归。失路之广南,为交酋所掠。独郭惟太等三十二人走免。附舟返舍。酋既死,郎雷猫吝拥兵驻翔雾(Cebu),驰回代立为酋。遣僧来诉。明年,闽抚遣贾舶招回久住吕宋华人。酋为给粮以归。致书及辞,重诉父冤。其书用金箧封识。另小书用红罗包裹。内称:"郎雷氏敝里系朥是猫吝爷氏。奉干系蜡国主命,镇守东洋吕宋等处。蒙差官来探日本消息。招回唐人。日本近虽称兵入境,然彼国有征伐之兵,敝国有备御之固。况日本熟知敝国士卒精壮,遇敌无不争锋。何足以惧?前革回唐人,系是久住不安生理。今之革者,因敝国狭窄,米谷稀少,粮食不给。别无他端。伏望尊慈鉴察。其被害战船,乞追军器金银宝贝。并究杀父之人。偿命以警后人,以正法纪。从兄巴礼于旧年十月,驾船往贵省,奔诉父冤。万里悬情,惟冀秉公严追究治。从兄巴礼厚遣归国。感佩图报。

又诉词一纸,为办鸣父冤事。缘父守国,欲讨美洛居。时有涧内唐民愿充助敌者二百五十人。自备行粮,立功给赏,时父与兵同船。开驾到交逸地方。有佛郎人与唐兵言竞。父责番人,吊在船桅惩戒。原船装载金银莫计。同船番目各带宝贝银钱数多。船进兮万门湾泊。父令唐人牵罟捕鱼。共烹而食。卧至半夜。唐人心贪财宝,明谋不轨。将父并番目四十余命,尽行杀死。仅存巴礼书记二人报息。将本船宝贝,驾逃。仆时奉命带兵驻扎翔雾。各属闻变,共议执冤。将城内旧涧拆卸。仆闻计回国劝谕。不许生端报怨。复议设新涧城外。虑及番兵横为扰害。着头目四人,逐日在涧看守。以便唐人生理。不想起盖未完,而日本报警。番目思见涧地接迩城廓。兼之唐人每有交通之情,恐招萧墙之祸。再议移涧此非本心。革回唐人,每船给米五十包资助。想来人必能道其详者。激切含冤。伏望作主。转达施行。"闽抚许孚远具疏以闻。略曰:"我民往贩吕宋,中多无赖之徒。因而流落彼地,不下万人。番酋筑盖铺舍,聚扎一街,名为涧内。受彼节制,已非一日。去秋彼酋抽取我民二百余人为兵。刑杀惨急。遂致激成此变。夫以番夷豺狼之性,轻动干戈,不戢自焚,固其自取。而杀其酋长,夺其宝货,逃之交南,我民狠毒亦已甚矣。"檄两广督臣,以礼遣僧归国,置惟太等于理。潘和五竟留交夷,不敢还。夷人故奴视华人,征赋溢格。稍不得当,呵辱无已时。犯者即严置以法。自兹衅既结,疑贰日深。夷益房使我矣。(见《东西洋考》卷五。)

万历三十年(西元1602年),矿税使者四出,奸宄蜂起言利。有涧应龙张嶷者,更为新奇其说。上疏曰,吕宋有机易山(在马尼拉南喀维脱市[Cavite]附近)。其上金豆自生。遣人采取之。岁可得金十万两,银三十万两。以三十年七月,诣阙奏闻。帝即纳之,有诏下闽，举朝骇异。廷臣力言其谬。都御史温纯疏言："近中外诸臣，争言矿税之害。天听弥高。今云南李风至奸辱妇女六十六人，私运财贿至三十巨舟，三百大扛。势必见戮于积怒之众。何如及今撤之，犹不失威福操纵之柄。缅酋以宝井故，提兵十万，将犯内地。西南之蛮，岌岌可忧。而闽中奸徒，又以机易山事见告。此其妄言，真如戏剧。不意皇上之聪明而误听之。臣等惊魂摇曳，寝食不宁。异时变兴祸起，费国家之财，不知几百万。倘或剪灭不早，其患又不止费财矣。臣闻海澄市舶高寀已岁征三万金。决不遗余力而让利。即机易越在海外，亦决无遍地金银，任人采取之理，安所得金十万，银三十万，以实其言。不过假借朝命，阑出禁物，勾引诸番，以逞不轨之谋。岂止烦扰公私，贻害海澄一邑而已哉？昔年倭患，正缘奸民下海，私通大姓，设计勒价。致倭贼愤恨，称兵犯顺。今以朝命行之，害当弥大。及乎兵连祸结，诸奸具效汪直、曾一本辈故智，负海称王拥兵列寨，近可以规重利，远不失为尉佗。于诸亡命之计得矣，如国家大患何？乞急置于理，用消祸本。"言官金忠士、曹于汴、朱吾弼等亦连章力争。皆不听。事下福建守臣，持不欲行而迫于朝命，乃遣海澄丞王时和百户王成偕嶷往勘其地。夷（指西班牙人。《明史》作吕宋人，实亦指西班牙）初闻使至，大骇。诸华人流寓者，见酋（西班牙官吏）言华无他，特奸人横生事端。今遣使者来按兹土，使奸人自穷，便于还报耳。酋意稍解。令夷僧（天主教士）散花道旁，迎使者。诸流寓先结蓬席，为厂如公署状。酋盛陈兵卫。邀丞入。亦为丞设食，然气豪甚。问丞曰："汝华言开山。山各有主，安得开也？譬中华有山，可容我国开耶？且金豆是何树生来？"丞无以对。数目嶷。嶷云此地皆金，不必问豆所自。盖嶷欲借朝命临之，袭破其国耳。至是不敢显言。

夷人皆大笑。酋留嶷,欲兵之。诸流寓苦解,俾归为戮于司寇。乃释令登舟。时三十年四月也。丞还任,即病悸死。守臣以闻。请治嶷妄言罪,事已止矣。然夷(西班牙人)竟疑中国有启疆意。益暴虐诸流寓。诸流寓无赖者,声言今日之事汝为政。一旦天兵下海门,汝辈宁为石人乎?语稍稍传布,夷益疑。明年(西元1603年),夷遂决计谋杀诸流寓,诡言将征他国。凡华人寸铁辄厚售之。即切肉小刀,价至数钱。华人利其直,辄听鬻去。家家无复寸铁。乃约日,勒点名籍,分三百人为一院。入即歼之。事稍露。诸流寓乃纠众走菜园,屯聚为乱。八月朔日,夷兵大起攻菜园。死伤无数。次日聚大仑山揭竿应敌。夷亦少挫。酋旋悔祸,遣人请和。华人虑其谬我,朴杀彼使。夷怒,设伏城旁。初三日,华人在大仑山饥甚,不得食,冒死攻城。夷人伏发。燃铜铳击杀华人万余。华人大溃。或逃散,饿死山谷间,横尸相枕。计损二万五千人。存者三百口而已。是役仓皇无主盟,又粮与刃具乏,故搏手困穷,膏涂远屿。华人在大仑时,风雨大作。人立雨中。夜半望见长天有光炯灿,大地震动,每惊突,自相触杀,夷乘其毙而屠之。是月,漳亦大水,漂没万家,受祸同时,阳九之均厄也。次夷酋下令,诸所掠华人赀,悉封识贮库。移书闽中守臣。言华人将谋乱,不得已先之。请令死者家属,往取其孥与帑。巡抚徐学聚等丞告变于朝。帝惊悼。下法司议奸徒罪。三十二年(西元1604年)十二月,议上。帝曰,嶷等欺诳朝廷,生衅海外,致二万商民,尽膏锋刃。损威辱国,死有余辜。即枭首传示海上。吕宋酋擅杀商民。抚案官议罪以闻。学聚等乃移檄吕宋,数以擅杀罪。令送死者妻子归。竟不能讨也。(见《明史》卷三二三及《东西洋考》卷五。)

按:万历三十一年(西元1603年),吕宋西班牙人惨杀华侨二万五千人。崇祯十二年(西元1639年)又惨杀华侨二万五千人。诚为中国国史上之奇耻大辱。可悲可愤。以在明末乱世故,未得申罪致讨也。万历三十一年之惨杀案,据西班牙人记载,谓中国官来机易山采金,仅为托词,心实欲侦探吕宋地理形势也。故马尼拉之西班牙官吏,皆自相惊惶。急修守备,使在马尼拉之华人,不起疑惧。恐西班牙人之来杀也,故先起事。在唐多(Tondo)及开波(Guiofo)两地,聚众焚市。杀人甚多,马尼拉政府遣达斯玛利那(Dris Dasmannas)率西班牙兵士一百三十人往剿之。被叛徒击败。几无一卒得生还。中国人次又攻城。败退。被迫至圣帕白罗山(Son Pablo del Monte)。西班牙人率大队菲律宾人攻之。中国人被击死者二万三千人。

万历三十一年惨杀以后,马尼拉之中国人口大减。次年(西元1604年),贾舶复稍稍往。奸商黄某者,与酋善。辄冒领他货,称为某甲姻党。捆载乾没云。三十三年(西元1605年),有诏遣商往谕吕宋,毋开事端,西班牙人亦利中国互市,华商趋死不顾。久之复成聚。至1639年(明毅宗崇祯十二年),中国人在岛中者,又达三万余人。西班牙总督胡尔塔多(Hurtado de Corouera)强迫华人至喀伦巴(Calamba)作工。进贡纳税,稍有迟误,责罚随之。各种苛政,猛于虎豹。华人怨声沸腾。在喀伦巴作工者,首先反抗。邻邑响应。马尼拉附近,亦多起事。拉古纳城(Laguns)府尹及教士二人被杀。焚毁教堂多所。西班牙人率菲律宾士卒,遇华人群众于散倍特罗马喀第(Son Pedro Macoti)。击败之。乱事延至次年,终为西班牙人平定。华人死者二万余,财产毁者七百余万贝索。明朝内乱方炽,不遑远略。侨民惨死,无暇兴问罪之师也。

1661年(清圣祖康熙元年),郑成功自台湾遣使至马尼拉,要求进贡。西班牙人以为侮辱。乃决意驱逐岛中之非基督教华侨。侨民因之大起恐慌。以为西班牙人杀心又作。故群谋反抗。居帕利安(Parian)特别区者,皆逃至散他克鲁斯(Santa Cruz),乱事复起。不久即平,侨民死者甚众。

西班牙政府立法限制华人入境虽严,而华人往者如水趋下,如虫赴火。人数既众。良莠不齐。福建人民犯法者,多以吕宋为逋逃薮。1686年时(康熙二十五年),有丁科(Tiugsco)(译音)者在中国犯罪,逃至吕宋,勾结无赖,谋杀西班牙人。事机不密,为西人探悉,丁科被捕斩首,同谋者及他华人多逃至帕绥(Pasay)。西人兵士,追击华人,死者甚众。(见 L. Fernandez, *A Brief History of the Philippines*, pp. 94—98。)

(原载《南洋研究》第一卷第三期)

马哥孛罗

第一章 马哥孛罗传

第一节 传盛名之理由

当今世界大通,历史家眼光扩大,知悉古代世界上最大文明国有二:极东为中国,极西为罗马,中间有数万里山河沙漠之隔,自汉武帝以后,中国极力向西扩张势力,经汉唐两代,兵威所布,声望所及,不过至里海滨而止。罗马人亦极力向东开拓领土,最东亦未过油付莱梯斯河及梯格莱斯河。中国史书上空闻极西大秦国文物昌明,土宇广阔,人皆长大平正,土多金银奇宝。罗马人白里内(Pliny)、梅拉(Mela)等书中,盛称中国之丝,远贩罗马,为彼邦贵族妇女之华服。席摩喀塔(Simocata)记中国法律严明,持正不阿,人性温和,技巧异常。《汉书》记大秦王安敦(Marcus Aurelius Antoninus)于桓帝延熹九年来献。《唐书》记贞观十七年,拂菻王波多力遣使来献。以后历高宗、武后、玄宗诸朝,皆有使来献。罗马史家佛罗鲁斯(Florus)记奥古斯都皇帝时(西汉末时)中国有使臣朝贺帝之威德远被。(以上见拙作《中西交通史料》第一册。)以上记载皆模糊影响,片断之辞。而所谓使臣,或为商贩冒充,回国以后,毫无记载。所传口碑,大约即上方各书所留之记载也。即为真使,而古代航海学未精,船舶不坚,或为海洋中风涛所破,葬身鱼腹,或旅行沙漠,中道渴死也。以此各种原因,故自古以来,迄于元初,东西皆无直接交通,真确详细记载。其情形犹之今代天文家,以望远镜窥测火星中有黑影线,而揣测其中人文明程度若何之高,使人欣羡,恨不能亲往一游也。设有人能造一飞行机,其速率千万倍于今之飞行机,游客乘之飞达火星,归报其中真况若何,详言空中航路若何,可作后人航空之指南,为探险各星球之导引线,则其人必名传全球,受全人类之顶礼膜拜,可断然也。马哥孛罗之得享盛名,经久不朽者,盖以能引起今日世界交通故也。马哥孛罗犹之飞机中之乘客。乘客得达火星,而享盛名,岂可忘其飞机,及造飞机之人乎?马哥孛罗不过商人之子,非有过人之才,及超人之智,而得享盛名者,完全风云际会使之也。造此风云际会者,蒙古人也。马哥孛罗能有此便利,由欧洲直达中国,沿途无语言不通,国际障碍之苦,而反有军队保护,供给饮食之便者,则为古今未有之蒙古大帝国之树立也。蒙古大帝国疆宇,东起太平洋,西迄地中海、多瑙河、波罗的海,南起印度,北至北冰洋。在此广漠区域内,无蒙古人之许可,鸡不得鸣,犬不敢吠。驿站遍于全国,兵队布满要津,维持秩序,保护行旅。通蒙古语,怀金虎符,即可利用驿站,东西往来,如行室内也。自古不相交通之中欧,至是乃成一家。共尊蒙古可汗,为世界共主,视极东之北京为世界政治中心焉。有此交通利便,而马哥孛罗乃利用之壮游世界,饱其眼福,成其盛名。使一部书演成今日世界大通之局面,犹之理想中乘客,利用机匠所造飞机,航达火星,归报地球上人类,使人狂奋,欲飞往他星也。吾既述马哥孛罗成名之理,由于报告自古不相通之东亚矣。同时造成此交通机会之蒙古大帝国不可不有数语述之,用以表明时代与人物之关系,兼以明孛罗书中所述也。

第二节 蒙古大帝国情况

蒙古人为游牧民族,居中国长城以北,内外蒙古之地。其地自古即为强悍民族所居;秦汉时,有匈奴;元魏时,有柔然;隋唐时,有突厥;皆尝拥众百万,强盛一时,为中国劲敌。顾匈奴突厥诸族之强也,皆先用其力,以向南膨胀,故与中国冲突最烈,而与西史无关。惟宋末,蒙古民族起于外蒙古之东北,斡嫩河源,先向西方膨胀,太祖成吉斯汗时,先扩张其领土至锡耳河(Syr-Darya),与花剌子模国(khwārizm)以河为界。继而因花剌子模人杀蒙古使者,成吉斯汗乃暂释东方之金,倾其全力以攻花剌子模。需时六年,拓地数万里。为其摧灭者,花剌子模之外,尚有印度、波斯诸国,亦被其蹂躏。蒙古人势力膨胀,如水之前趋。凡低洼之地,莫不漫溢浸没。其流向下,无停止之时。蒙古人之用兵也,无一定时间、财政及土地范围之预算。四邻较弱之国,其兵队随时即侵入之。可灭者灭之,可掠者掠之。遇有较强者,则暂为停止。此种用兵便利,惟游牧社会之民族,生活简陋者,能之。文明程度较高之农业或工业社会民族,不能如此也。当花剌子模国主摩哈美德(Mohammed)之向西遁走也,蒙古大将速不台(Subutai)及哲伯(Chebe)二人率兵追之。摩哈美德既困死里海孤岛之中。而蒙古兵仍不退。抄掠波斯北境,击败卓支亚之兵,逾高架索山系而北,侵入俄国南部。西元

1223年(元太祖十八年)夏,败钦察(Kipchak)与俄罗斯之联军于喀尔喀河(Khalka,在南俄尼尔伯河支流)上。此为蒙古人第一次侵入欧洲之事,亦实有史以来,东亚民族第一次直接由东亚侵入欧洲也。大败俄军后。速不台乃旋兵东向,经里海之北,渡窝尔加河及乌拉尔河而与成吉斯汗大军合,归回蒙古。

元太宗窝阔台汗八年,即西元1236年,蒙古人既东灭夏、金二国,乃复征集大兵,第二次远征欧洲。诸军皆受宗王拔都节制。至1242年,凡七年之间,征服俄罗斯、波兰、匈牙利、奥地利、德意志、罗马尼亚等国,欧洲东部尽入版图。蒙古铁骑直至欧洲心腹之部——意大利、维也纳等地。当蒙古军事正当进行顺利,所至披靡,欧洲毫无抵拒能力之时,天意不欲欧洲文明悉为游牧民族摧灭也,窝阔台汗忽然崩殂,召还远征诸军,班师东回,西欧因是得以保全。

成吉斯汗临终时,封其长子术赤(Djuchi)于东欧俄罗斯诸地,次子察合台于中央亚细亚,三子窝阔台继位为大可汗,四子拖雷则尽得父之遗产。成吉斯汗部兵十二万九千人,拖雷独得十万一千。以此之故,成吉斯汗久经战阵之将官,尽隶拖雷。至定宗殁后,演成尾大不掉之弊。拖雷子孙,得以实力之拥护,继登大位。窝阔台子孙,屈居下位,保守伊犁等地旧封。海都以此怏怏不平,及世祖忽必烈即位,举兵反抗。数十年间,西北一带,烽火不息。

宪宗即位,继承祖先遗志,以征服四海为务,命其弟忽必烈征服中国西南云南、贵州,安南等地。又命其弟旭烈兀征服波斯、阿拉伯、美梭博塔米亚、叙利亚等地。即以其所征服之地封之,是为伊儿汗国(Ilkhans)。忽必烈就封汉地,招揽汉地贤才而任用之,文治颇足称焉。

宪宗时,蒙古都城仍在外蒙古和林(Karakorum)。西方游客,如勃拉奴·克劈尼(Plano Carpinei)、卢白鲁克(Rubruck)、雅罗斯拉夫(Yaroslav)、海敦(Hayton)等,皆至和林,而无有至中国本部者。宪宗卒于西历1259年。翌年,忽必烈即位为大汗,即世祖也。世祖为亲王时,好招揽汉人,深染汉化,以汉地为其根据地。故即位以后即迁都燕京,改名曰大都(即今北平)。别营龙冈曰上都,为避暑之所焉。世祖即位后十七年,宋朝始亡,中国南部亦入蒙古大帝国之版图。既灭宋后,世祖之雄心未已,必欲尽臣世界各国。于是复向海外日本、安南、占城、爪哇、马八儿、俱蓝等国遣使招徕。有服从者,有抗拒者。陆上蒙古人百战百胜,所遇无敌。然航海非其所长,故世祖时,数次海外出师,皆无大功。

第三节　马哥孛罗家世及幼年

孛罗氏之先为达尔马西亚(Dalmatia,在巨哥斯拉维亚境)省塞本尼可(Sebenico)地方人,11世纪时(北宋中),移居意大利国北境威尼斯市(Venice),至11世纪末,族人有充市议员者,以后数世无闻人。至13世纪初叶,吾等大旅行家之祖安得利亚·孛罗(Andrea Polo)时,始又闻焉。安得利亚有三子:长曰马哥(Marco,著书者之伯父),仲曰尼哥罗(Nicolo),季曰马飞(Maffeo)。尼哥罗即著游记者马哥孛罗之父也。兄弟三人皆善经商。老马哥(西洋人取名,往往父子或叔侄同名,为便于分辨之故,长者之后,辄加一长字,或老字[elder]。而少者之后,加一少字[Younger, junior],吾今亦仿之,而将老少二字冠之名字之前)。在君士但丁堡及克里米亚之索耳对亚港有行站,子女皆侨居焉。1260年(元世祖中统元年),尼哥罗及老马飞亦往君士但丁堡营商。更渡黑海至克里米亚。由该处，复因他种原因及机缘，再向北行，至窝尔加河畔萨雷（Sarai）城，由萨雷而至布哈拉。在布哈拉寄居三年，遇波斯藩王旭烈兀遣往北京之大使，劝之同往北京。忽必烈大汗自昔未尝见有欧洲之士人，故见尼哥罗及马飞二人询问拉丁诸国情形后，甚悦之。乃使孛罗氏兄弟二人为大使，朝中某官为扈从，持国书往谒罗马教皇。书中大旨，无非欲请教皇多遣高僧来其国传布基督教而已。并命二人往耶路撒冷耶稣圣墓取长明灯中油若干，备作药之用。兄弟二人奉大汗使命，持金虎符西归。于1269年（元世祖至元六年）4月，抵叙利亚阿扣港（Acre），得悉前教皇克莱孟（Clement）四世于去岁已崩，新教皇尚未举定，罗马暂时无教皇。故二人乃决心回威尼斯市故里。客于异地多年，至家则尼哥罗之妻卒已久矣。所生之子马哥，年已十五矣。马哥生于1254年（蒙古宪宗四年）。有数家谓马哥生时，父已离家，故至此时，父子始相见也。少年时，所受教育程度若何，无由得知。据其所作游记观之，大约中世纪所盛行之亚历山德大王小说，尝读过也。游记为他人代笔，故亦无从知其人之文学程度也。惟观其叙述各事，皆据实而言，有条不紊，头脑清楚，则或亦曾受若干科学训练也。

第四节　起始旅行

教皇法座之虚悬，自黑暗世纪以来，未有如是之久者。前教皇死后二年余，而各地红衣主教，尚各持己见不相让，以致新教皇久不能举出。尼哥罗兄弟二人一则不欲大汗疑其不忠，二则东方新至之地，富贵机缘不可失，故决再东行，携马哥与俱焉。至阿扣港，有烈日地方大僧正台大尔多·维斯康梯（Tedaldo Visconti）充教皇专使，驻叙利亚。台大尔多为当时闻人，颇有权势，尼哥罗兄弟就商于台大尔多，腈作书致大汗，证明使节无功，实由无教皇之故，非彼等之过也。持书复东行，至斯干得龙湾头之阿雅斯（Ayas）港。港甚兴旺，是时已成为亚洲内地货物来往中心点之一矣。初至港，彼等即闻新教皇已举定，即其友人台大尔多也。急旋阿扣港参见之，大汗之使命，乃终得回答矣。台大尔多即教皇位，改名曰格里哥利第十世（Gregory X）。忽必烈大汗国书，请科学及宗教教师百人，新教皇未能应命。仅给多密尼根会（Dominican）僧徒二人而已。此二人与孛罗氏三人前行不久，闻前程艰苦状况，即心惊胆落，折回故地矣。

由各种事实考之，此三威尼斯人第二次离阿扣港，约在1271年（至元八年）11月时也。前行至阿雅斯港、锡瓦斯（Sivas）港，经马丁（Mardin）、毛夕里（Mosul）、八吉打（Bagdad）各城，而至波斯湾口之忽里模子市（Hormuz），欲由此经印度洋往中国，惟船舶不堪航海之用，因此阻碍不得行。乃弃前计，复由忽里模子市转向北，经起儿曼（Kerman）、呼罗珊（Khorasan）、巴里黑（Balkh）、塔里干（Talikan）、巴达克山（Badakshan）等城。在巴达克山高山养病约一年，溯鄂格速斯河（Oxus）上流登帕米尔高原。此路线自此三威尼斯人旅行后，欧洲人旅行者，至明万历末，耶稣会教士鄂本笃（Benedict Goës）始重行之。鄂之后，直至1838年（清道光十八年），英国海军大尉约翰吴德（John Wood）又重勘其境焉。过帕米尔高原后，孛罗氏三人下至喀什噶尔（Kashgar）城，由是复经叶尔羌、和阗、罗布淖尔附近，横越大戈壁而东至唐古忒境。唐古忒者，蒙古人用以称昔时西夏也，原音由于隋唐时之党项。经沙州（今敦煌）、肃州、甘州、凉州、宁夏、天德(今外套)、大同,至开平府,又称上都,蒙古皇帝有行宫在焉,每年夏季自大都来此避暑,其地在今多伦诺尔西北八十六里,距北平一千一百余里。忽必烈大汗是时方驻跸上都避暑,见孛罗氏三人自西方归来,不胜欣悦。由各家记载考之,此行共需时三年半。由意大利威尼斯港至上都,中途不停留,固无须若是之久。孛罗在巴达克山养病一年,在他处或尚停留,故途间需时如是之久也。三人抵大汗朝廷时期,约当 1275 年(至元十二年)5 月盛暑也。

第五节　入仕中国

既抵上都,忽必烈大汗召见尼哥罗等。尼哥罗等跪于大汗之前,以表尊敬,祝圣躬康健,呈上教皇所给之证书及信,大汗大喜。又呈上耶稣圣墓长明灯中油,大汗益喜,赏赐甚多。大汗又问年少之马哥为谁。尼哥罗曰,此乃臣之子,携以侍从陛下者。汗命优待之。马哥甚聪慧,居鞑靼廷未久,即能娴熟鞑靼风俗、语言、文字及战斗方法。又能通数种语,识四国文。举动谨慎,皇帝甚为器重,知其才智,不致辱命。故令其奉使远方哈喇章(Karajang,华言乌蛮)云南、缅国。其地离北京约六月程。马哥奉使中国西南部云南、缅国,约当元世祖至元十六年时,纳速剌丁大败缅军之后,盖书中详记是役战争也。当时以何种官衔出使,中国史书中,至今尚未得查出。马哥既奉令,果能不辱使命,大汗各使,归自远方者甚多,然大抵皆仅知使命而已,其余各事皆不在其计中也。大汗最喜闻远方异国之风俗习尚,各使归时,汗每询及之,鲜能称旨者。故汗尝訾彼等蠢鲁,与泥人无异。马哥知此,故善揣汗意,每至一国,辄详询风问俗，归以报告大汗，故得常称汗意。归自云南、缅国以后，复任何官，其游记中无记载。世人作游记者，常好述自身之事，多至取厌于人。而马哥孛罗游记则适相反。全书中叙述自己事者，寥寥数语而已。因叙述本人之事太简，致吾人考证其传记，及在中国作为，大为困难也。鄙人前译英人亨利·玉尔《马哥孛罗游记》导言时，尝作一《中国史书上之马哥孛罗考》，指出《元史》奸臣《阿合马传》中枢密副使孛罗即为马哥孛罗。因搜罗关于枢密副使孛罗事迹，视其是否与大游历家马哥孛罗相合，所得结果，颇能吻合，无一条抵触者。稍后，东南大学束世澄君根据余作，而更广为搜罗，所得结果，载于民国十二年十一月《史地学报》第二卷第七期。其所得诸条，亦无有与马哥孛罗事迹相抵触者。稍后余又在《佛祖历代通载》中，觅得至元十七年时释、道争哄一条，中有命枢密副使孛罗等使道众自试其术之事（见拙作《中西交通史料》第五册第353页），此条亦与马哥孛罗记载吻合。各种事迹皆吻合，惟抵中国年代尚相差一年耳。此点困难，至今尚未解决也。各种事迹皆无不合，吾等惟有承认枢密副使孛罗即大游历家马哥孛罗也。据其游记所载，马哥孛罗又尝治理江苏扬州三年。查《扬州府志》等书，元时治理扬州官吏中，无孛罗之名，或相近之音也。近代翻译书中，有谓其为"太守"者，有谓作"总督"者。查《元史·百官志》，无"太守"、"总督"之称号。元时扬州为路，路有总管府，或宣慰司治理之。总管府之长官，有达鲁花赤及总管，宣慰司之长官为宣慰使。马哥孛罗官扬州时之名义，必为达鲁花赤或宣慰使也。元世祖时，扬州又尝为江淮等处行中书省之省城，马哥孛罗亦或可为行省中一长官也。马哥孛罗又尝奉使印度。最后伴送科克清（Cocachin）公主往嫁波斯。当时以何官衔而往，亦无从考也。其游记又载其父叔二人于蒙古人围攻襄阳城时,曾为蒙古造攻城弩炮,因此而城遂破。据各家所考,此事在孛罗氏年表中,甚难适合。孛罗氏三人斯时尚在途间,由西往东,未达中国也。余作《中国史书上之马哥孛罗考》时,尝谓由叙利亚以东至中国,皆为蒙古帝国版图,各地皆有驿站,孛罗氏既身怀金虎符,当由驿道而来,想不须三年半。若缩成一年余,则襄阳陷落时,自可预其役也。其父叔既有功,断不致闲居,惟在元廷中受何官职,其书中竟无一言及之也。

第六节 归回威尼斯

马哥孛罗在中国前后十八年,其财产亦与时俱增。大汗春秋已高,百岁后,身命财产,惧有危险,离家已久,故时慊慊思归,俾保首领以没。大汗闻其有西归之说,则辄拒之。终乃佳缘至,吾等之大游历家得归故里,不致与草木同朽,无名称于后世矣。波斯藩王阿鲁汗(Arghun Khan)者,忽必烈大汗之侄孙也。1286年(至元二十三年),其爱妻可敦卜鲁罕薨,临终遗命,谓后继王后必须于其同姓蒙古伯岳吾(Bayaut)部落内物色之。阿鲁大王遵遗言,遣大使至大都大汗朝廷求之,大汗应其请,择科克清公主配之。公主年方十七,由北京往波斯京城塔伯里资(Tabriz)之陆道辽远,艰苦异常,不宜于年稚而娇之公主。且战争阻塞,故大使等乃择海道而往波斯。蒙古人不善乘船,不娴海路,大使等知孛罗氏三人为威尼斯人,阅历诸国甚多,欲使为向导同行。马哥是时方归自印度覆命。波斯大使乃奏求此三人为扈从,大汗始不许,终乃允之。大为治装,复缮国书数通,使孛罗氏携赠与欧洲各国君主,内有致英国国王者。大使及孛罗氏等于1292年春(至元二十九年),由刺桐港(Zayton)

(泉州古名)扬帆放洋,沿途行程颇不吉顺,勾留于苏门答腊岛海岸及印度南部颇久,阅时二年,乃得达波斯忽里模子港,然游记材料,因此大增,读之益使人觉有兴味也。孛罗氏三人及科克清公主经此三年长途远征,漂泊海上,皆得庆更生。三大使中已死其二,仅余一人。初起行时,随从人员,有六百人,抵波斯时,生者仅余八人而已(一说谓尚余十八人),其余皆葬身鱼腹矣。孛罗氏三人,途间奉侍公主极尽小心,公主待孛罗氏等亦极尽礼。阿鲁大王于彼等未离中国时已薨,其弟凯嘉图(Kaikhatu)摄政。公主改嫁阿鲁之子合赞汗(Ghazan Khan)。合赞汗为波斯国贤君,多谋足智,善用兵。孛罗等留于波斯王庭九月而后西归,离别公主时,公主为之挥泪。公主为王后不久即卒。三人正在途间西行时,得闻大汗忽必烈已崩殂,及合赞杀拜都(Baidu)正位。在君士但丁堡小作勾留,黑海北岸索尔对亚港或亦曾绕道一视。故游记中叙述钦察汗国事,亦颇详悉也。1296年(元成宗元贞二年)还抵威尼斯故里,马哥孛罗离家二十六年,至是始归。出游时十六岁,归里时,年已四十二矣。

第七节　归里后之事情

孛罗氏三人离家多年,亲戚四方探访,皆谓其死已多年。葬尸异域,不复再返矣。长途远征,艰苦万状,兼以多忧多虑,形容憔悴,沾染鞑靼人之习俗,忘威尼斯之土语,操鞑靼人之口音,衣鞑靼人之服装,粗陋褴褛,至里即返故居。有亲戚移居于内,见孛罗等衣履破故,容貌非昔,不信其为亲旧,拒之入内。孛罗等心生奇计,使其亲戚承认,乡党敬重。乃作大宴,将其亲戚悉招至。至期,三人衣红缎锦袍,长及于地,自房门内趋出,欢迎客人,红袍曳地,乃当时人居家之服也。侍者取水,为众宾洗手,主人起更衣,衣为红锦所制。将前衣用刀裁裂,分赐侍者。既坐稍食,主人复起出更衣,衣乃红绒所制,归入坐后,复将其二次所衣之袍,裂而分赏侍人。席既终,主人又起更衣,将绒袍分与侍者,此次所衣,乃与众宾无稍异。来宾睹此鞑靼奇俗,莫不讶异。衣既分赏后,主人令侍者退出,马哥起入他室,取其初至家时所衣之陋服而出。三人取刀将边缝割开,取出珍珠宝石无数,置于桌上,以夸耀宾客。有红者,有蓝者,又有如钻石者,无不光彩夺目。在中国时,受大汗赏赐黄金甚多,离中国时,因路途遥远,行程艰难,黄金沉重,不便携带,故悉变买珍珠宝石,缝置衣内,使人不疑。诸人展览一过,无不称羡,如迷如惑,茫然如置身王宫帝室,至是乃皆承认其为前此素封素贵之孛罗氏无疑也。因此亲戚皆加敬礼。威尼斯市民闻之,贵贱皆争趋其第,与之行抱腰礼。探访他方奇风异俗,表示其仰慕之忱焉。又公举马飞为市镇长官,盖当时最荣誉之礼也。少年群愿与马哥为友,询问中国及大汗情形。马哥不惮烦琐,温厚接人。对于所询一一详告,使人尽知。马哥好以百万之数,以计大汗之岁入。有问大汗之财富者,辄言黄金千万,或千五百万。又时告人他地之富力,亦动以百万计。因是里人加以诨名曰"马哥百万君"(Messer Marco Millioni)。威尼斯市官府牍中,亦得见是名。其居宅则呼为"百万第"焉。

第八节　基奴亚坐狱及著书

13世纪时,意大利全境分裂为甚多自由市,威尼斯(Venice)、基奴亚(Genoa)、皮撒(Pisa)三市,尤其最著也。各自由市因商务上之竞争,互相妒忌,互相仇恨,时寻干戈,终13世纪全期,无一日之和平。马哥孛罗归回威尼斯后，享其富家翁之福者约三年，至1298年（元成宗大德二年），基奴亚水师大举侵威尼斯，两军战于阿得力亚的克海（Adriatic Sea）中苟坐拉（Curzola）岛，威尼斯水师败没，几于所有战舰被俘，统帅为囚，战士被捕者七千余人。威尼斯市法律，本市战舰统归本市富户捐造，依每户财产多少，而定捐若干焉。水兵之饷，则由市政府给之。马哥孛罗亦市中大富，故须独造一舰，或与二三他户，共制一舰，马哥孛罗自为其舰中司令官。苟坐拉战役，马哥挥舟冲锋，奋勇而战，以无救援，受创被擒，械送基奴亚大狱。基奴亚人待俘虏极为残酷，虽至高级之士官，亦加缧绁。统帅丹多罗（Danaolo）羞愤不食，以首触椅而死。惟马哥孛罗在狱中则似颇得优待也。

基奴亚人得悉马哥遍游世界，德行高尚，于远方之奇风异俗，皆能悉心考究，故多来采访，与之交接。不久人皆待以君子之礼，几若亲友，不以囚犯视之也。基奴亚之达官贵族，亦多来探访，赠献物品。群欲知东方契丹及大汗情事，马哥每日演讲，几于唇焦舌敝。在狱间不久，又结交皮撒市人罗斯梯谢奴（Rusticiano）。罗氏为当时著名小说家，亦战时捕掳。得闻马哥所述远方异域之事，亦劝其速著一书，以传其事。马哥为自己省时免劳，兼为狱中消度光阴之故，乃口述各事，而罗氏笔受之。依各种证据考之，老法文实为《游记》最初所用之文字也。马哥不知皮撒土语，而罗氏又不知威尼斯土语，故两人当时用最通行之老法文也。中世纪时，法文普行欧洲，各国通用，犹之今代英文通行东亚，中国人与日本人不能用自国之语以相通，而用英文为共同媒介语也。马哥孛罗当时是否依有笔记，或仅凭脑中记忆而讲演，则不得知。其坐狱时间，因此实为全生要键。丧失一时行动自由权固苦，而借此得以流芳百世,大名永传,诚所谓塞翁失马,安知非福也。1299年(大德三年)5月,米兰市(Milan)政府及总牧师调和威尼斯及基奴亚两市之间,使复归和好。指定日期,各释放俘虏。7月1日,和约签字。8月杪,马哥孛罗归回威尼斯故里。

第九节　出狱后事迹

马哥孛罗之被俘也,其父叔皆大忧虑。当彼等在途时,尝决议至威尼斯后,即为马哥娶妻,俾遂抱孙之乐。巨万产业,早得见有承袭之人。今事与心违,马哥坐狱,不知何时得出,又闻基奴亚人将使威尼斯俘虏坐狱,至少亦须二十年。马哥能否生出,难于预知。父叔多方设法赎之,皆归无效。出狱归里后,不久,父尼哥罗即卒。马哥尽孝子之道,为父凿石棺,勒文以纪念焉,此乃当时最尊之礼也。明世宗末年,石棺犹屹立于威尼斯市圣罗伦座(S. Lorenzo)教堂之前廊,进门之右手。归里后,马哥即娶妻,近代在威尼斯市发见之马哥孛罗临终遗命,文中载其妻名多那大(Donata),生有三女,曰芳提那(Fantina)、贝蕾拉(Balela)及毛莱他(Moreta),无子。自出狱后,以至其死,其间为时约有二十五年,而吾人所知其事迹,则甚鲜鲜,多方研究搜求,获得之记载约略如下。

1300年8月(大德四年),马哥之弟少马飞有遗命文,今尚存留。自其文观之,尼哥罗尚有法律未承认之私生子斯德芬奴(Stephano)及桑尼奴(Zannino)二人。此二人或生长中国,而《马哥孛罗游记》中未言及也。少马飞与诸兄弟感情皆佳,而对兄马哥尤亲爱。遗命人无子嗣时,马哥可享有财产之大部分也。叔老马飞尚存在。

1302年(大德六年),马哥犯水管不受检查之罪,应受罚,市中行政大会为其未知法律,故有赦免之文。

1305年(大德九年)4月10日,马哥孛罗联合他人具保,请释放梅斯脱(Mestre)地方人波奴奚(Bonocio)私贩酒之罪,威尼斯市会公议赦免之。

1306年(大德十年),法国国王查理(Charles of Valois)遣勇士梯抱窦·赛波爱(Thibault de Cepoy)及茶头(Chartres)地方牧师皮耳·雷力须(Pierre le Ricke)至威尼斯,缔结攻守同盟之协约,梯抱居威尼斯时,与马哥孛罗相识,蒙其赠《游记》本书一册,以后携归法国。梯抱卒后,其长子约翰袭爵,依原文抄录多本,将第一本献于其君瓦洛伯爵,余诸册有请求者则赠之。

1311年(元武宗至大四年),马哥孛罗与商人保罗·姬拉多(Paulo Girardo)协同营商。马哥托姬氏售卖一磅半之麝香,每磅价值大里耳六枚。姬氏仅依价售出半磅,余则带归。检查之,缺少六分之一两。姬氏无明白之账以报。又不能言明缺少之故,故马哥控之法庭。索卖出半磅之值三大里耳,与缺少之六分之一两之值二十格罗西(Grossi)。法官判决,被告人若不于指定期限内,偿清所欠,则须受监禁若干时。

1323年(元英宗至治三年)5月时,马哥孛罗在市长与律师处,有法律上之请愿事。其妻多那大有房产二所,接连马哥孛罗及弟斯德芬之产,1321年6月,卖给其夫马哥孛罗,至是呈报所有权。中世纪及今代,意大利人夫妇间订契约买卖,至为常事。其寓舍至今尚保存,然已改作剧场矣。

1324年(元泰定帝元年)正月9日,马哥孛罗因卧病已久,身躯衰弱不堪,恐不久人世,乃延公证人书成其最后之遗命文。此为大游历家生时最后之历史也。此遗命文今仍保存于威尼斯市圣玛克图书馆。缮成此文后,大约至翌年,马哥即卒矣。次女贝蕾拉卒于1333年(元顺帝元统元年),其妻多那大卒于1336年(顺帝至元二年),长女芳提那至1379年(明太祖洪武十二年)尚生存,惟已孀居。三女毛莱他何时卒,不可考。

欧洲人家庭中,往往父子或叔侄同名,至易淆乱,兹为清醒眉目之故,特将孛罗氏世系表列出于下,便稽考焉:

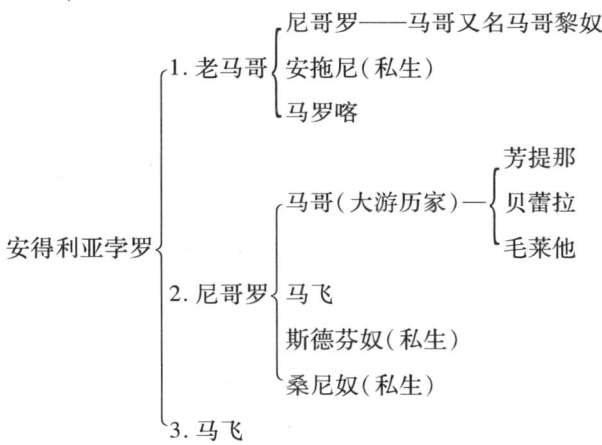

第二章　马哥孛罗游记本书

第一节　当时书之流行及一般人对之观念若何

明世宗嘉靖时,孛罗同里人赖麦锡(Ramusio)编纂《游记丛书》,《马哥孛罗游记》亦在其列。赖氏与马哥同里,生距马哥时代不远,尝搜罗威尼斯市流传之马哥逸话,编为《马哥传记》,书为关于马哥孛罗第一记载也。上章传记,即多取材赖氏。赖氏之书,虽大有功,然其中错误失考者颇多,赖氏谓孛罗氏书初次出版后,仿印之版即甚多,译成各地方言。数月之间,布满意大利全土云。然近代吾人研究所得证据,与赖氏所言者,正相反也。盛名鼎鼎之游历家,所作书之传播,不若赖氏所言之速也。当时意大利人对于大游历家亦不若赖氏所言之信仰也。中世纪与《孛罗游记》同时之名著,如但退(Dante)之诗歌,有写本五百种。高僧鄂多力克(Odoric)之《游记》,远不如孛罗氏书,尚有写本七十三种。拉丁尼(B. Latini)之《百科全书》,亦远不如孛罗氏书之有兴味,有写本五十种。极有价值之《孛罗游记》,各种文字中写本,至今查之,仅有八十种而已。以书之价值及种类之多寡衡之,诚不伦矣。英国勇士曼德维(J. Manndeville)之《游记》完全谎造。15世纪全期间,刊印二十五次之多,而《孛罗游记》仅五次而已。孛罗氏同时人道及孛罗之名与引用其书者,亦甚寥寥。诗人但退生于《孛罗游记》成后二十三年,博学冠于当世。有形世界以及无形世界,皆无不窥。然生平所著书中,无一言及于孛罗氏之名,及其所言者。孛罗同时人巴拜利奴(F. Da Barberino)文名虽不及但退之盛,而亦颇有著作。契丹(Cathay)之名,曾数见于其书中,然除该名以外,巴拜利奴似于孛罗书中记载,全茫然也。孛罗同时之同里人玛利奴萨奴多亦为当时之地理著作家,然孛罗之名,或其书,无一语及之也。其他道及孛罗之名者,不过二三家而已。

古代欧洲普通人民,对于世界观念,亦无异中国。自大一方,以为文明世界,无有过于我者矣。忽有人告以世界若何之大,欧洲之外,尚别有文明国,其程度或且过于欧洲,则人必不信,以为造谣说谎,犹之三十年前之中国人,大多数不信欧美文明能过于中国也。意大利之巴尔德利·波尼(Baldelli Boni)所刊《孛罗游记》序文中,尝自安柏罗西亚(Ambrosian)图书馆所藏古代写本书,录出当时人短评一段,吾人读之,可以知社会上普通人对于孛罗游记之观念也。其言曰:"马哥孛罗与其父及叔居鞑靼多年,闻见颇广,富有资财,心甚巧敏,在基奴亚狱间时,将其所见世间奇异,著为一书。其中荒诞不经之事甚多,盖非彼亲见,乃据之造谣说谎者之口传。此辈散布流言,以欺他人,而其心中则自亦不解不信也。孛罗氏乃亦轻率据之以笔于书,其难取信于当代博雅君子,亦宜矣。故于其将死时,友朋亲临床侧,乞其将书中不合事理之记载,难于取信者,删除之,而马哥孛罗则执迷不悟,谓其友曰,书中所记,尚不及吾所亲见者一半之数也。"此段短评,与吾人一明证,孛罗氏同时人读孛罗书,所起之感想若何也。马哥孛罗殁后多年,威尼斯市之跳舞场中,尚时有假扮马哥孛罗百万君,演述荒诞寓言逸话,以博下等社会之欢者。威尼斯尊崇吾等之大游历家以如是之礼,其故里乡人对于孛罗氏之心理,亦可借以明其一二矣。不独中世纪人不能了解《孛罗游记》之真价值,即至近百年前,意大利学童有时道及不可信之言语时,尚呼曰:"唉,是何似马哥孛罗也。"普通人民不明了《孛罗游记》之真价值,犹可恕也,而号称学者如德国人胡尔曼(Hullmann)于马斯敦(Masden)所注《孛罗游记》出版后十年,尚谓"孛罗氏三人决未越布哈拉境,书中所记蒙古帝国版图,尚远及于东方者,皆闻之他人也。印度、波斯、阿拉伯及依梯俄皮亚等境诸章,皆抄自阿拉伯书,书中主人翁马哥亦为伪托云。"马斯敦注解考证,在当时号称详明精确,似乎可以祛疑矣,而仍有胡尔曼之盲说,吾人不得不叹夫真理之不易明也。《马哥孛罗游记》真价值,盖自近代人精确研究后,始得见知于世人也。

第二节 《马哥孛罗游记》在地理学上之功绩

近代世界大通,欧罗巴人势力弥漫大地,即中国内地各城各市,亦无不有欧人之足迹,各种学术昌明,历史地理学亦与时俱进,来中国及东方各地者,偶一考查,皆与孛罗记载吻合,因而证明孛罗为说实话之旅行家,其书亦因有科学价值。愈研究而价值愈高,著书之人声名益响,马哥孛罗之名,竟与古代希腊国史学鼻祖海罗多都斯(Herodotus)并称,或且过之也。马哥者为横断亚细亚全洲第一人,所至之地,所见之国,莫不详举其名,考风辨俗,笔之于书。波斯沙漠,巴达哈伤之锦绣高原,荒野峡谷,和阗玉河,蒙古荒原,成吉斯汗发祥之地,蒙古西征大军之本乡,汗八里(北平)新建之帝都,光华四照,声威远播,无不一一详载,为观光中国第一人。中华之土宇广阔,人民富裕,长江大河,名都巨邑,制造繁盛,户口众多,船舰无数,江河四海,往来如织,四邻蛮夷,奇风怪俗,崇尚不同,图伯特之鄙陋信徒,缅甸之金塔响冕,老挝,暹罗,交趾支那,日本为地球东极,地产珠宝,光彩如玫瑰,国王所居宫殿,尽皆饰金,皆详有记载,为欧洲前人所未闻者也。印度群岛之穷美奇异,虽至于今,尚多为世人所未悉,而马哥孛罗为传记该土之第一人。产芳香药剂,为当世所珍宝,而其产地则无人能知,马哥孛罗独详言之。爪哇为群岛之珠,苏门塔腊各地酋长,划土分治,产奇珍异品。食人野族,尼科巴(Nicobar)及安达曼(Andaman)两群岛中之裸体蛮獠,锡兰岛之产珍宝,其圣山与人类始祖亚当陵墓,大印度之婆罗门洁身自尚,淫猥隐士,稀世钻石,与探获之奇史异说,产珍珠之海底,烈日照人几死,前此传为山经诞说,亚历山德大王所未征讨之域,至是则马哥亲履其地,身探其奇矣。中世纪详言阿比西尼国崇奉基督教之情形,与半奉耶教之索可脱拉(Socotra)岛者,马哥孛罗实第一人也。略言桑西巴岛之黑人,与所产象牙,道及赤道以南马达加斯嘉大岛与南方黑洋为邻地,产卢克大鸟,及他怪物,详言极北西伯利亚及北冰洋情形,使犬曳车之事,地产白熊及骑鹿之通古斯民族者,马哥亦为第一人也。

以上所举开始发明诸事,何啻数十,而皆为一人所见所闻,一书所宣所传,不谓伟大,不可得也。马哥孛罗贡献于地理学之新知识,如此之广,地面上各国风土人情被表揭者,又如此其博。其书出世后,宜乎地理学大受其影响矣。然详考之,所受影响颇迟缓,且享受其贡献之年代,亦甚短也。其所以然之故,原因约有数端:(一)《游记》出版后,时人以怪诞之神话视之,厕于冒险小说之中,马哥孛罗之名等于假托。其影响于世甚小,不亦宜乎。(二)活字版未发明之先,印刷甚难,书籍之传播,全赖抄写,每一新书著成,欲其广布于世,至为困难。(三)中世纪时,古代相传之谬说,充塞于地理学及各种学术上,欲起学说上之革命,等于移山之难。(四)前代之地理学,研究上全无科学条理,无学会杂志,可以助传播,一时欲融化宏博之新知识,盖亦犹多食不化也。

中世纪时,最先利用《马哥孛罗游记》所载之地理新知识以制地图者,为1375年(明太祖洪武八年)之喀塔兰大地图(Catalan map),其中央及东部亚细亚各地名,悉根据《孛罗游记》。印度半岛在地理学历史上第一次显明绘出,真状及地位与实情相差不远,其地名亦半得之《孛罗游记》。图中契丹国(Cathay)之位置,与近今支那相合,为庞然大帝国,占亚洲东南部,马雷半岛全付缺如,苏门塔腊岛及爪哇所在地位亦颇不误,哈喇章(Karajang)、永昌(Yocian)、缅(Mien)及孟加拉(Bangala)诸地,与契丹及印度二国之地理关系,图中亦颇明了。马哥孛罗若能制图,遗留于今,吾知其所作者大概亦不过如此而已(参考拙译《马哥孛罗游记导言》末尾喀塔兰地图)。15世纪时,《孛罗游记》流行渐广,读者益多,发明新地新物之精神,勃然而起。孛罗之书,亦得公正评论。人视之为真史,不若前人以大汗寓言读之矣。然发明益多,反起纷乱。譬之食物,勉强增加,乃起消化不良之病。此纪之新发明,日有所闻,而当代之地理家,并未预备如何融化之方法也。著书人往往因欲集合新旧说,而无选择弃取之才力,反起纷乱,科伦布发现之新地,谓为马哥孛罗书中大汗之旧壤,可笑孰甚。葡萄牙人发现支那之地位,即为古代契丹国,而当时制图者尤为茫然,将契丹全国及所有孛罗氏之名辞移置北方,与支那别为一国,孛罗氏书至此不独无功于学问,反使人神经扰乱矣。孛罗氏名辞以外,又加以汉时希腊地理家拖雷美(Ptolemy)之说。其极也,使玄黄倒置,是非莫辨,与真事实,相去愈乖离矣。契丹即为支那,至明末,葡萄牙人鄂本笃(Benedict Gois)始确定之。清初,顺治康熙两朝,俄罗斯人详探亚洲北部各地,葡萄牙人、西班牙人、荷兰人、英国人,详探印度、南洋各地,而中国内地,亦经耶稣会士详细测量,有各种新名辞,而孛罗书中旧名辞,始全消灭矣。

第三节 《马哥孛罗游记》与科伦布发明新世界之关系

《马哥孛罗游记》最大功绩,即在能诱起科伦布决心漫游东方,发现美洲,攻破以前海洋上之谬说,天圆地方之谬想,引起近世历史奇变也。科伦布为人类中之明星,天赋才能,幼时尝读《马哥孛罗游记》,为其宣传所动,钦慕中国、印度之文明富裕,因之立志东游,自幼即作预备,练习航海业,凡他人能航之处,必踵至之。交游拉丁、希腊、犹太、摩尔各种博学之人,其宗教或隶于正宗,或属于异端,借以周知世界之广,宇宙之大。航海术外,又娴习天文、算学、几何、历史、纪行、哲学,以及其他科学,俾可为后日旅行东方之助,立志数十年不渝。今代西班牙国赛维耳市(Seville)科伦布图书馆所贮水师提督科伦布之遗物内,有《马哥孛罗游记》一册,为拉丁文译本,科伦布不独阅览一过,且于该书边之空白处,加甚多注解,可见其对于是书研究之热心,所受马哥孛罗之影响若何矣。更有进者,意大利人托斯加内里(Toscanelli)与科伦布之信札,明引《孛罗游记》以劝说科伦布为此远航壮行。科伦布呈上旅行记之序文,亦明言欲往中国之动机,为往求《马哥孛罗游记》所载之大汗国也。兹特将两段记载,节录如下:

"诸岛中仅有商贾居之,盖诸地商贾贩运货物之巨,虽合全世界之数,不及剌桐(即泉州)一巨港也,每年有巨舟百艘,载运胡椒至剌桐,其载运别种香料之船舶,尚未计及也。其国人口殷庶,富厚无匹,邦国、省区、城邑之多,不可以数计,皆臣属大汗。大汗者,拉丁语大皇帝也。都城在契丹省。二百年前,其祖先尝欲与基督教徒交通,遣使教皇,问请学人,教化其国,教皇使人阻于途中,半道而归。……各城皆有大理石建成之桥,桥头皆饰以石柱。国人待基督教徒至为宽仁,拉丁人大可设法往其国,盖不独金银、珍珠、宝石、香料,所在皆是,可以致富也,而吾人亦可与其国学人、哲士、天文家等,交谈,互换知识,统治国家之才能,巧慧战争之方法,吾人皆可自其人学习取材也。"(见拙作《中西交通史料》第二册第

376页。)托斯加内里此段记载,完全取材于《马哥孛罗游记》也。

科伦布纪程序文云:"臣昔尝与陛下言及印度国有大汗(Gran Can)者,吾国语王之王也。大汗及其祖先,尝遣使罗马多次,访求吾教中之学人,以教化其国。圣父教皇迄未能应其人之请,致使拜偶像者,千百万人信守邪说,不能沐浴圣教。"(见《中西交通史料》第二册第381页。)科伦布此节记事,亦完全取材于《马哥孛罗游记》也。

科伦布抵西印度群岛后,以为所发见者,即亚洲海滨诸岛也。故其纪行中以为古巴岛即日本国(Cipangu)。四处访问,有无黄金,以定所拟者之真确。科伦布发现美洲后十四年即卒,临死时,尚深信其发现者,距亚洲必不远也。死后二十余年,欧洲人士亦皆以为美洲即亚洲也。有圣方济各会僧人佛兰锡斯(Francis)者,尝致书于帕楼模(Palermo)市总主教,谓泰米斯太坦(Themistetan)城(今墨西哥京城)即京师(Quinsai)城,《孛罗游记》中杭州城也。古巴岛即孛罗之日本国也。巴尔波(Balboa)1513年(明武宗正德八年)发现太平洋后,欧洲人士始知科伦布所发现者,并非亚洲。新大陆之西,复有大洋横亘于亚欧之间也。科伦布横渡大西洋,发现美洲后之翌年,古代海洋上各种迷信既破,欧洲人闻之,为之兴起。有多数船舶,依其旧道,往探美洲。不及二十年,全美洲之海岸,皆为欧人探悉。探险海外,发现新地之精神,由此振奋。科伦布死后不及五十年,全地球无人之地,悉为欧人割据。欧洲人之势力,弥漫大地,演成今日之世界。中古史告终,而近代史遂起,追本探源,不可谓非《马哥孛罗游记》一书之功也。

《孛罗游记》一书固不独为科伦布发现美洲之兴奋剂,以后探险家因《孛罗游记》而作长途踏查者,正不乏人。虽其成功无科伦布之大，享名无科伦布之显，然其受《孛罗游记》之影响，则一也。兹特举出数例于下：

（一）瓦斯柯达格玛（Vasco da Gama）受《孛罗游记》影响，于1496年（明孝宗弘治九年）沿非洲西海岸航行，过赤道，绕好望角，经印度洋而达印度西岸，其目的为访求契丹国（Cathay）也。再二十年，而葡人始抵中国澳门，此新航线之发现，后于科伦布发现美洲者四年，在历史上亦为第一等发现也。（二）又1496年，英国人喀博德（Cabot）由英国向大西洋西北方航行，抵坎拿大，其目的亦为访求契丹国也。（三）1558—1559年间（明世宗嘉靖三十七至三十八年），英国人任京生（Anthony Jenkinson）及约翰生（Johnson）兄弟二人，由俄国陆道向东旅行，直抵布哈拉（Bukhara）城，其目的亦为寻求往契丹之商道也。（四）1576年至1578年（明万历四年至六年）英人福罗比修（Martin Frobisher）三次向西北航行，欲绕美洲之北，以抵契丹国。（五）1602年（明万历三十年），葡人鄂本笃（Benedict Gois）自印度阿格拉城（Agra）北行，越帕米尔高原，经新疆天山南麓，而抵中国肃州，即死于此，其目的亦为寻访契丹国也。以一部书而引起地理学上如此众多之发现，启历史上如此之大变局，其被视为经典，不亦宜乎。因竞寻契丹，而探寻新地之精神兴起，欧洲人今日领有世界之大部，马哥孛罗造惠于欧洲人者，其功不浅，宜乎其书之新版新注，层出不穷也。

第四节　《马哥孛罗游记》原本所用文字及各种版本

《马哥孛罗游记》最先著述时，究用何种文字，议者纷纷其说，赖麦锡谓最先用拉丁文，马斯敦揣测为威尼斯土语。1827年（清道光七年),意大利人巴尔德利波尼在佛罗伦斯(Florence)市刊印其所注《马哥孛罗游记》,辨其最先为法文,三种学说,皆有相当理由。揣测其最初用意大利某方土语者,谓大僧劈劈奴(Friar Pipino)翻译《游记》为拉丁文时,马哥孛罗尚生于世,而大僧乃自谓译自土语,摩代那(Modena)图书馆存有抄写本劈劈奴《纪年书》一本,谓所译游记乃自兰巴德省(Lombardy)土语而成也。反对此说者,谓劈劈奴之翻译,既当孛罗生时,时期如此其早,拉丁文已为第二次所用之文字,未免不近情理,然详考劈劈奴之书,其中字句条理,实非原文,而由意大利土语译成者也。1824年(清道光四年),法国地理会刊印《孛罗游记》一种,用法文记述。其法文极劣,文法不明,主格宾格,单数复数,时候之过去未来与现在等规则,皆茫然混乱,不知作用,即其当时之读者,恐亦时起疑难,不知其用意也。书中意大利字层出迭见,或稍加变化,使似法国文字而已。威尼斯土语,亦可寻出,东方字亦偶遇之,犹之今世之英文与印度文有时混杂并用也。各处文调全无方寸比例,有太简陋者,有散漫无系,字太冗赘者,有重复者,土语俚句,则时用之。同一名字,而拼法屡更,甚至有在数行之内,亦前后不同,似全为据耳闻而书者。文句时有停顿,以依口授者之休息而来者。关于游历家本人好用第三人之称呼,然有时亦忘而书为第一人之称呼,如余、我等类者。所有此种特色,似皆为口授时,草草记录,未及修饰者。若为译本,或重订写本,则此等奇异之点,断不得有也。凡此种种,皆足证明此写本为脱斯肯(Tuscany)省罗斯悌谢奴所笔述,沾染东方文化之威尼斯人马哥孛罗所口授之原来文字。盖二人之于法文,同视为外国语也。或谓马哥孛罗为威尼斯市人,罗斯梯谢奴为皮撒市人,皆意大利籍,何以不用威尼斯语,或皮撒语,或拉丁文,而反用外国语之法文乎？是不难答复也。罗马帝国倾覆后，拉丁文久不能为统一之语，各地土语因而产生，比较上最盛行之语为北方法文，盖自李唐中叶，沙理曼创立神圣罗马帝国以代古代罗马，而建都北方，法兰克民族执西欧之霸权，法文渐有代古拉丁文之势。欧洲西部各国，尤盛用法文，朝廷官府，法文等于官话，各国士子著书立说，为广宣传之故，亦多用法文，其情形犹之今代英文之在东亚，中国人与日本人各有语言，不能相通，反用远方之英语以作交谈也。威尼斯及皮撒皆为小自由市，虽各有土语，而通行有限，马哥孛罗与罗斯梯谢奴在基奴亚狱中交谈，必用当时最通行之法文，无可疑也。

《马哥孛罗游记》现今流行甚多，各种文字中皆有译本，而考其版本，大约不过四种而已。

1824年（清道光四年），法国地理学会刊印老法文版《游记》。此种版为马哥孛罗在狱中所口述，罗斯梯谢奴所笔记之原本，文字文法，皆可以证明其为最初之原本，未经修改者。所有他种版本，皆渊源于此。此版多已不全，惟巴黎图书馆所藏者全耳。原书不分卷，此版先藏于白劳耳地方法国国王私家藏书处，由此老法文版而产生四种版本：

第一种，意大利克鲁斯喀（Crusca）版。书中全不分卷，与法国地学会所刊印之老法文本相较，得知此种完全译自老法文本。

第二种，法文各种写本。法国人鲍梯（Pautheir）亦为研究马哥孛罗专家，鲍氏之意，此类版本，实得游历家本人之允许而修改者也。此种有写本五种，三种皆存巴黎图书馆内，一种藏瑞士京城伯恩市，第五种藏英国牛津大学伯德雷恩图书馆（Bodleian）。伯恩市及牛津大学两种本，皆即1307年（元成宗大德十一年）马哥孛罗亲自献赠与梯抱窦·赛波爱（Thibault de Cepoy）者。此类版本，较之法国地学会刊印之老法文本,所修订者亦仅草草粗工,对于原本多裁略冗章,及文辞修饰而已。鲍梯谓欲得著书人最初口述之庐山真面,惟当于此类写本中求之也。

第三种,大僧劈劈奴(Pipino)之拉丁文译本。此类写本最多,其中节略与删除者,较之第二种版为多。此版分《游记》本书为三卷。劈劈奴为意大利婆罗那(Bologna)市人,生于马哥孛罗同时,游记之翻译,成于孛罗氏晚年,意大利之研究《孛罗游记》者多谓马哥孛罗尝知该译文,而自加改订云,其说殊无根。

第四种赖麦锡(G. B. Ramusio)之意大利文版。此种版与上方所言三种版,完全不同,其来由至今尚未明了,书中地名多经更改。以前各版中,有多章被删除,而新增入者亦极多。如元世祖之奸臣阿合马一长章,他种版中皆无,而此版独有之。其为马哥孛罗本人增入,毫无可疑。全书章卷分段,亦与所有他种版不同。他种版皆文理鄙俚,而此版则文辞条顺,欠修之处,悉被删除也。今代欧文中出版之《马哥孛罗游记》,大抵皆参酌第二种版及此种版而成。第二种取其最初之真面目,而材料则取之第四种也。

第三章　游记之内容

第一节　序言及卷一之内容

《马哥孛罗游记》最初之本,不分卷,而大略可分为二部。第一部叙述个人历史,第二部篇章甚多,长短不一,记述各地情形。法国人鲍梯将书中第二部分为四卷，以后注释马哥孛罗者，皆仿其例，余今特依英人亨利·玉尔(Henry Yule)之版，略述全书内容如下：

第一部序言凡十八章。第一章叙述尼哥罗孛罗及马飞孛罗兄弟二人，于1260年由威尼斯市往君士但丁堡经商，复渡黑海至克里米亚半岛之索尔对亚(Soldaia)商港。第二章述兄弟二人更由索尔对亚东行至钦察汗国都撒雷(Sarai)，献珍宝于伯忽汗(Barca Khan)，蒙厚赏，留撒雷十二月，伯忽汗与波斯国伊儿汗旭烈兀大王交哄，伯忽汗败，归途断绝，兄弟二人乃更东行，渡窝尔加河，越沙漠，而至不花剌(Bukhara)市。第三章叙寓不花剌三年，遇旭烈兀大王所遣往中国朝觐大使，大使劝二人同往东方见大汗。第四、五、六三章记二人听大使之言，随之往东方，行一年方至。见大汗后，大汗果大喜，垂询西欧各种情形，皆能与以满意之答复。第七、八两章记忽必烈大汗遣二人为聘问罗马教皇大使，请教皇派教士一百人东来传教，又命自耶路撒冷耶稣圣墓之长明灯中，取油若干。大汗给二人金牌谕旨，令经过各地官吏，供给马匹夫役，并妥为照料，二人西行三年，至黑梅尼亚(Hermenia)之拉耶斯(Layas)港。第九章记兄弟二人离拉耶斯港至阿扣(Acre)港，得悉前教皇已卒，新教皇尚无人，乃归回威尼斯乡里以待之。第十章记兄弟二人留居威尼斯多时，而新教皇久不举出，心急不复待，乃偕马哥同东行，马哥时年十五，尼哥罗之子也，至阿扣城见教皇专使台大尔多(Tedaldo Visconti)，请其允许在长明灯中取油若干，并请作书与大汗，证明一时无教皇，故不能回答大汗之请求，非二人不忠所事也。第十一章记二人得专使书后，北行至拉耶斯城时，得闻前所见之专使已被选为新教皇，兄弟二人大喜，而新教皇亦遣人追至拉耶斯，请二人急归阿扣见教皇。第十二章记新教皇命牧师二人随孛罗氏东行,并赠送大汗甚多水晶器,行至拉耶斯逢乱,牧师二人折回,不愿再东行。第十三章记孛罗氏三人独行三年半之久,终至开平府,见忽必烈大汗,大汗大喜。第十四章记孛罗氏三人朝觐大汗欢忭情形。第十五章记马哥在元廷不久,即能知悉鞑靼风俗、语言、文字及战斗方法,通数国语,识四国文,元帝颇为器重,使之奉使云南。第十六章记马哥孛罗列仕大汗廷十七年,时时出使远方,甚得大汗爱幸。第十七章记波斯国阿鲁汗之皇后博尔加那(Bolgana)卒,遗命继位之后,必须往东方蒙古本部物色之,阿鲁汗遵遗命,遣使至中国元廷求之,元帝选科克清公主与之,使者将西归,请得孛罗氏三人为扈从。第十八章记大汗为波斯大使预备行装,并给国书于法国、英国、西班牙,及其他奉基督教诸国之王,随员有六百余人,由中国泉州航海南行三月至苏门塔腊,更横渡印度洋,十八月始至波斯,阿鲁汗已薨,将公主交于凯嘉图,孛罗氏三人由波斯尼西归威尼斯。

本书卷一共凡六十一章,记由小亚美尼亚起程,至中国上都(开平府)大可汗朝廷,沿途所见所闻之事。第一章记小亚美尼国情形,其国自有王,惟臣属蒙古,拉耶斯港商业甚盛,威尼斯、基奴亚商人多来此贸易。第二章记突厥马尼亚省,境内人民分突厥马人、希腊人及亚美尼亚人三种,大都市亦有三,曰孔尼亚、亚瓦斯脱及喀沙利亚。第三章记大亚美尼亚,亦臣属蒙古,夏季在波斯之蒙古人驱其牛羊来此游牧,冬季,则离此而往温和之地,北与卓支亚为邻,交界处有石油矿。第四章记卓支亚,人民美好,勇武善战,北方高架索山上,有亚历山德大王所筑之长城,用以幽闭鞑靼人也。第五章记毛夕里国(Mosul),人民种类复杂,有阿拉伯族,崇奉摩诃末,又有聂思脱里(Nestorian)及雅谷派基督教徒,与罗马教皇所辖之教徒,教规多有不同,又有曲儿忒人,居深山中。第六章记报达(Raudas-Bagdad)大城为回教教主哈里发之都城,繁华冠于一方,蒙古宪宗五年,蒙古皇帝遣旭烈兀大王率兵攻陷之。第七、第八、第九、第十,四章,皆记报达哈里发某尝欲尽杀境内之基督教徒,令将某山移动,否则《圣经》所言不实,须改信回教或悉就死也。基督徒请一独眼补靴匠祈祷,山果移动,哈里发大惊,乃秘密受洗,崇奉基督教。凡此类奇事,《游记》书中,皆言之谆谆,足证马哥孛罗亦极信仰宗教也。第十一章记讨来思大城为波斯蒙古藩王之都城,东西货物聚汇之地,拉丁商人来此者甚多。第十二章记讨来思边境圣把扫马大寺奇事,语涉宗教。第十三、第十四两章记波斯国及古代三贤王往拜耶稣事,语关宗教。第十五章记波斯八国情况,波斯国产良马,运往印度出售者甚多。第十六章记野司特(Yezd)大城。第十七章记起儿漫国,臣服蒙古,出产佳玉,善制甲兵,地多山,人民富庶。第十八章记喀马地城及喀劳那盗匪善幻术,能使白昼忽昏黑如夜,马哥孛罗过此地时,几遭于难,逃之村中,始获免焉。第十九章记忽里模子港商务甚为兴旺,印度商人来此尤多,船舰制造,不用钉铁,不堪航海之用,大海中失事者甚多,天气酷热。第二十、第二十一、第二十二,三章记由起儿漫横渡波斯国沙漠情形,漠中旅行甚苦,既过沙漠,抵波斯极北之吐奴开恩省。第二十三、第二十四、第二十五,三章皆记没里奚国事情。没里奚,《元史》又作木刺夷,或木乃兮,为回教之别支,根据地在里海南爱儿白斯(Elbrus)山中,其酋长专训练徒党,以暗杀异派为业,虽王侯将相不能免焉,没里奚国不在路线上,马哥孛罗仅据传闻言之耳。第二十六章记离波斯后六日至萨陪甘城,地产瓜,味为世界最。第二十七章记巴里黑(Balc)古城,其地古代极为繁华,宫殿大厦,多以大理石构成，孛罗过此城时，仅余遗迹而已。第二十八章记塔伊康寨，地有盐山，品质甚佳，供给四方居民，离塔伊康东北骑行三日至喀色姆（Casem）城，人民多依山穴居，离喀色姆再东骑行三日抵巴达哈伤（Badakshan）省。第二十九章记巴达哈伤省，山中产红宝石，驰名四方，又产琉璃为天下冠，昔产良马，为亚历山德大王之骏马白赛法罗斯之遗种也。山甚高峻。马哥至此，曾在山顶养病一年。第三十章记巴达哈伤南十日程之拍社省（Pashai），人多精幻术及魔咒。第三十一章记克什弥尔省人民亦精魔术，能变化天气，白昼使暗，唤云作雨，为佛教之发源地。山中有隐士，苦行节欲，为民所敬。人民不杀生，欲食肉则使回教徒杀之。马哥孛罗未至克什弥尔，仅据传闻而已。第三十二章记帕米尔高原，山极高而冷，不见飞鸟，燃火不明，煮物不熟，人民多崇回教。第三十三章记喀什噶尔城，臣属大汗，人民奉回教，然聂思脱里派基督教徒甚多。第三十四章记撒马儿罕城臣属海都，人民有基督教徒及回教徒，城中有教堂一所，壁柱悬空而立，事涉宗教，马哥未至撒马儿罕，仅据传闻而已。第三十五章记叶尔羌。第三十六章记和阗。第三十七章记排恩（Pein），地产玉，其地男子离家二十日不归，妻即可另嫁他人也。第三十八章记车尔城。第三十九章记罗布城及以东之大沙漠，所记漠中情形，多与古代法显玄奘之言相合。第四十章记经行沙漠三十日，抵唐古忒省边城沙州（今名敦煌）。居民大半奉佛，亦有聂思脱里派徒及回教徒。沙州，为中国本部极西之城，马哥记沙州中国人拜佛及居丧礼节甚详。第四十一章记哈密省情形，哈密不在西来路线上，马哥盖据之传闻也。第四十二章记赤斤塔拉斯（Chingintalas）省地产石棉。第四十三章记肃州，居民半为基督教徒，半为佛教徒，山中产大黄。第四十四章记甘州市为唐古忒省之首府,居民有奉佛教者,有奉回教者,有奉基督教者。基督徒有壮丽教堂三所,马飞孛罗及马哥孛罗尝因公事留居甘州一全年。第四十五章记亦集乃城(今作额济纳),人民以耕植及游牧为生。第四十六章记外蒙古和林城,城周围三英里(约合十华里),有土城环绕之。第四十七章记成吉斯汗登极,欲娶拍莱斯忒约翰之女为后,被骂绝,因而两国失欢。第四十八、第四十九、第五十,三章皆记成吉斯汗与拍莱斯忒约翰之争,最后约翰败而成吉斯汗胜,约翰即《元史》上之王汗也。又记成吉斯汗以后攻合州,流矢伤膝而卒,盖马哥孛罗将蒙哥大汗事,误为成吉斯汗事矣。第五十一章记成吉斯汗以后继位诸大汗之事,一为贵由汗,二为拔都汗,三为旭烈兀汗,四为蒙哥汗,五为忽必烈汗,马哥对于元朝先代事情,完全不知,故有此误载也。第五十二章记鞑靼人风俗。第五十三章,记鞑靼人宗教。第五十四章记鞑靼人战争法,马哥谓当彼著书时,鞑靼人勇武之气,已大衰退。居住中国者,已放弃其本有风俗习惯,而改从佛教徒之习俗,在近东者改从回教徒矣。第五十五章记鞑靼国司法。第五十六章记黑龙江及西伯利亚两地事。第五十七章记凉州及鄯州(今西宁)。第五十八章记额里合牙(今宁夏),其地有聂思脱里派基督教徒。第五十九章记天德军(今外蛮),其地自有王,名佐治,拍莱斯忒约翰之后裔也,崇奉基督教,人民亦多奉基督教,然佛教徒及回教徒亦甚多也,王族皆尚元帝之公主。马哥孛罗此章盖记汪古部事情也。第六十章记察罕脑儿大汗之宫殿及附近出产。第六十一章记上都城及大汗宫殿,西藏及克什弥尔术士,苦行道士。

第二节　卷二之内容

卷二可分作三篇：第一篇记大汗起居，其宫殿，都城，朝廷，政府，游戏，共凡三十四章。第二篇为马哥孛罗奉使云南、缅甸纪程，共凡二十五章。第三篇为往福州、泉州纪程，共凡二十三章。此卷最长，皆记中国事情，为全书中最有兴趣、最重要之部分。此处吾仅揭其章名，至其详细，可阅拙译《马哥孛罗游记》全文及下章之提要也。

第一篇第一章记忽必烈大汗及其威权。自人类始祖亚当降生以来，迄于今日，兵力之盛，土地之广，钱财之富，未有如忽必烈者也。第二章至第七章，皆叙宗王乃颜之乱及其平定。第八章记忽必烈大汗后妃。第九章记忽必烈大汗子孙。第十章记大汗之宫殿。第十一章记汗八里（Cambaluc）（蒙古语帝都王城之义，即今北平）都城。第十二章记大汗之宿卫军。第十三章记大汗宴客情形。第十四章记大汗万寿节宴驾情形。第十五章记新年正旦节情形。第十六章记宿卫军一万二千人，每节每人受赏衣服十三袭情形。第十七章至二十一章皆记大汗捕猎情形。第二十二章又记北京城繁华情形。第二十三章记阿合马之虐政及其被杀，此章仅赖麦锡版中有之，记载情形确实，与《元史》卷二百五奸臣《阿合马传》完全相同。马哥自谓乱事经过身预其役，与元史所载世祖命枢密副使孛罗讨为乱者，世祖初不知阿合马之奸，及闻孛罗言，乃大怒曰，王著杀之是也，命取其尸饲狗，所有事迹，无一不合。枢密副使孛罗必即大游历家孛罗也。第二十四章记大汗取桑树皮制纸，再以纸制钞币法。第二十五章记北京中央政府中书省之组织。第二十六章记大汗之驿政。第二十七章记大汗救济水旱灾之法。第二十八章记大汗植树于全国大道之旁。第二十九章记中国人以米制酒之法。第三十章记中国人采煤燃烧法。第三十一章记大汗积谷救旱荒法。第三十二章记皇帝施舍贫民德政。第三十三章记北京天文家、堪舆家。第三十四章记中国人之宗教、灵魂观念及风俗。

　　第二篇第三十五章记北京西南之桑干河及卢沟桥。第三十六章记涿州城，城内寺庙甚多，过城一英里有两路分歧，一路向西为往契丹国之大道，他道向东南往蛮子国（中国南部南宋所辖之境）。第三十七章记太原府工商业甚盛，国中军队所用兵器，多在此铸成，产葡萄甚多，用以酿酒。契丹国全境，惟此一处产酒，向西骑行七日至平阳府。第三十八章记绛州离宫，又叙拍莱斯忒约翰及金国王之关系。第三十九章记金国王被擒送至拍莱斯忒约翰国后所受待遇如何。第四十章记黄河及河中府（今山西永济县）。河中府应在黄河之东，而马哥误记在黄河之西。第四十一章记京兆府（今西安），忽必烈之子忙哥剌受封于此。第四十二章记汉中，地多高山峻岭，旅行不易。第四十三章记阿克八里克蛮子省，阿克八里克，蒙古语白城也，其地大约在今四川北境。第四十四章记成都府，有江水贯流城中，江上有桥。第四十五章记图伯特省（今西藏），不用楮币，以盐代钱。第四十六章又记图伯特。第四十七章记建都国。第四十八章记哈喇章省（今云南省），首府名押赤（Yachi），人民有奉聂思脱里派基督教者。第四十九章又记哈喇章省，忽必烈之子忽哥赤受封于此，其地江湖中产金沙甚丰。第五十章记金齿部，其地男子用金套包牙，因得名，人民臣属大汗，崇拜偶像，首府曰永昌。第五十一章记缅国及邦牙王反抗大可汗事。第五十二章记蒙古人与缅人永昌大战。第五十三章记往缅国之道路。第五十四章记缅国京城金银两塔。第五十五章记邦牙省。当马哥孛罗在中国大汗朝廷时,大汗尚未征服此境,然其军队已往征之矣。第五十六章记交趾国人民文身,臣服大汗,每年入贡。第五十七章记阿宁省。人民臣属大汗,崇奉偶像,地产马,售于印度人,获大利。第五十八章记秃老蛮,死用火葬,将骨灰贮之小盒中,携至高山,悬藏岩穴,俾人兽皆不得达之,地甚产金。第五十九章记贵州省。贵州似为叙州之误,元初贵州为今广西贵县,至今贵州省之名,明时始建置也。

  第三篇第六十章记河间府及长芦镇。河间府有基督教徒若干人及教堂一所,长芦镇产盐甚多。第六十一章记济南路及泰定府(今兖州)。第六十二章记任城码头(Sinjumatu,今济宁)。第六十三章记临城及邳州两城。第六十四章记宿迁及黄河。第六十五章记大可汗征服蛮子国(即南宋)。第六十六章记淮安州,城在黄河边,商业甚盛,产盐极多。第六十七章记宝应及高邮两城,东西皆有大水。第六十八章记泰州、通州及扬州。扬州为十二行省之一,马哥孛罗受大汗之命,来治理此城三年之久。第六十九章记南京(今开封,金之南京城)。第七十章记襄阳府之陷落,蒙古人围城三年不得入,孛罗氏三人为大可汗造攻城大炮,城始被陷。查襄阳被陷为1273年之事,各家考证,马哥孛罗抵中国当在1275年,年代不符,此章记载,极为可疑。余以为马哥记载无可疑,其错误当在其父叔第一次西归,留威尼斯故里,及第二次偕马哥同行,由欧洲至中国,途间所需年月过久也。襄阳城陷落,《孛罗游记》以外,中国史及波斯国拉施特之《蒙古史》皆有记载,惟三种文字所记载之人名皆不同耳。《孛罗游记》将陷城之功,归之孛罗氏三人,中国《元史》谓为波斯人阿老瓦丁及亦思马因之功,而拉施特则谓为大马色克城阿伯八克（Abuabak）、伊伯拉希（Ibrahim）及马合摩德（Mahomed）三人之功也。第七十一章记真州（今仪征县）及长江，江宽六英里至十英里不等，长有一百日路程。第七十二章记瓜州城。第七十三章记镇江府，其地有聂思脱里派基督教堂二所。第七十四章记常州府。第七十五章记苏州城，城市甚大，周围约六十英里，商贾皆豪富，人口众多，不可以数计，市民若稍有军人精神，当可征服世界，惟其人并非军人，不过良贾巧匠而已。第七十六及第七十七两章皆记京师（Kinsay）城（即杭州）。两章皆甚冗长。杭州为南宋旧都，中国文明中心地点，马哥所见中国文明事业，以此处为最多，吾将于下章另立一专节论之。第七十八章记京师城之岁入，盐税有黄金五百六十万撒基（Saggi），他种收入有黄金一千四百七十万撒基，二者合共值今英金九百五十四万五千八百三十三镑。第七十九章记东睦州（今严州）、衢州、常山、处州。第八十及第八十一两章记福州。第八十二章记刺桐港（今泉州），为全世界两大商港之一，印度各处商船，载运香料胡椒来此者甚多。

第三节　卷三之内容

本书卷三记日本国、南洋群岛、印度南部、印度洋沿岸及洋中群岛，此卷共凡四十章。第一章记中国航行印度洋上之船舶，船皆以枞木造成，虽仅一层，而每船有舱房五十或六十，来往商人居之，皆觉宽舒安适，每船仅有一舵而有四桅，载有水手二百人以至三百人，胡椒五六千篓。第二章记日本国及大汗遣兵讨伐之事。日本岛中盛产黄金，国王有大宫殿一所，其顶盖为黄金，价值不可以数计，宫中铺道，房中地板，皆以金砖为之，砖厚约二指，窗牖亦以金为之，全宫价值无量数，言之使人不可信也。第三章再记大汗征日本事。第四章记中国乃日本之偶像，及中国海，海中有七千四百五十九岛。第五章记占婆国，亦名占城国。1285年（元世祖至元二十二年），马哥孛罗尝奉使其国。第六章记爪哇岛。第七章记昆仑山，及罗斛国。昆仑山，占婆西南七百英里海中岛也，往南洋必经之路。第八章记彭塘岛及木刺由城。第九章记小爪哇岛及福雷克（Ferlec）与巴斯马（Basma）二国。小爪哇即苏门塔腊岛也。第十章记撒马拉（Samara）及达格罗因（Dagroian）二国。第十一章记蓝无里（Lambri）及范水（Fansur）二国。以上诸国皆在今苏门塔腊岛也。第十二章记奈库维兰岛，今呢古巴拉岛（Nicobars）也。第十三章记安格曼能（Angamanain）岛，今宴陀蛮（Andaman）岛也。第十四章记锡兰岛。第十五章记释迦牟尼佛，及佛教之兴。第十六、第十七两章，记马八儿国，亦名大印度，在大陆上，为印度各部最佳之境，海滨产珠甚多。第十八章记耶稣大弟子圣多默坟墓及其灵异，墓在马八儿国某小市内，墓土红色，可医疟疾。第十九章记摩特菲里（Mutfili）国，此国在马八儿国北一千英里，山中产钻石。第二十章记婆罗门人发源地拉儿（Lar）省。第二十一章记加异勒（Cail）城，为马八儿国五王之一。第二十二章记俱蓝国，在马八儿西南五百英里，人民拜偶像，亦有基督教徒及犹太人。第二十三章记库麻里国，印度半岛最南之角也。第二十四章记伊里国。第二十五章记嘛啰拔。印度半岛西面大国也，人民奉佛，自有语言，不属他国，自有王。中国南方船来此载运胡椒者甚多。第二十六章记胡茶腊国，亦自王，不属他国。第二十七章记塔纳国。第二十八章记甘琶逸国。第二十九章记须门那国。第三十章记开斯麻可兰（Kesmacoran）国，在印度极西北，人民大半奉回教。第三十一章记男女二岛,在开斯麻可兰南海中五百英里,二岛自相距三十英里,人民皆奉基督教,惟遵守《旧约》。男岛仅有男子,每年至三月、四月、五月,所有岛中男子皆往女岛,寻女子居住三月。三月期完,归回本岛,耕田作商。其妻在女岛产女,则永留与母居,产男则养至十四岁时,送之其父。此盖印度西部寓言,玄奘《大唐西域记》亦载有西女国,玄奘与马哥孛罗皆闻之印度人也。第三十二章记索柯脱拉岛,人民奉基督教,地产龙涎香。第三十三章记马达加斯嘉岛,在索柯脱拉岛南海中一千英里,人民皆奉回教,有卢克鹏鸟,翼长三十步,羽毛长十二步,其力极强,能将象抓至空中,蒙古大汗闻而奇之,遣使至此岛求其大羽。第三十四章记桑奇巴岛。人民皮黑如漆,奇丑无比。第三十五章记阿拔胥国,阿拉伯人,阿比西尼国之称谓也。人民有奉基督教者,有奉回教者,亦有犹太人。第三十六章记亚丁国。第三十七章记爱歇儿(Esher)城,在亚丁西北四百英里,人以干鱼饲马。第三十八章记祖法儿国,在爱歇儿西北五百英里。第三十九章记喀拉图(Calatu)海湾及喀拉图城,城更在祖法儿西北六百英里,城滨大海。第四十章记忽里模子城,在喀拉图城西北三百英里。马哥孛罗此处记各城,皆在亚丁西北,其实各城皆在亚丁东北,盖并未亲至其境,仅据传闻,故有是误也。忽里模子港在波斯湾之口。元时,由东方中国西往波斯、欧洲者,皆在此登岸,本书卷一第十九章业已言之。马哥孛罗自中国泉州登船放洋,至此始再舍陆登舟,此卷叙述自东西来之海程,故再略述之也。

第四节 卷四之内容

本书卷四记鞑靼诸王战争及北方诸国。第一章记大突厥。所谓大突厥者，指阿母河以北，直至中国边界诸地也。其地之王为海都，马哥孛罗虽在中国入仕十七年，然于忽必烈以前之《蒙古史》，及元朝当时著名诸王之关系，全不留心，故此卷诸章所述蒙古各王之关系，及各次战争情形，多模糊影响之辞，不能作为真确史料也。亨利玉尔英译《马哥孛罗游记》对于此卷亦仅节译，良以其既无史料价值，而所叙述者，又千篇一律，读之实甚无味也。第二章记海都与大汗之子那木罕之战，结局海都败，退回撒马儿罕。第三章记大汗誓灭海都。第四章记海都女爱家路之勇略。第五章记波斯王阿八哈遣太子阿鲁率军攻海都。第六章记阿鲁战后，回波斯奔父丧及谋继位。第七章记阿合玛特率兵拒阿鲁。第八章记阿鲁与部下谋攻阿合玛特。第九章记阿鲁部下回答阿鲁之辞。第十章记阿鲁致阿合玛特之书。第十一章记阿合玛特回答阿鲁之书。第十二章记阿鲁与阿合玛特之大战，及阿鲁被擒事。第十三章记阿鲁出狱。第十四章记阿鲁最后得位之经过。第十五章记阿合玛特之被囚。第十六章记阿合玛特之被杀。第十七章记阿鲁被承认为全国王之经过。第十八章记阿鲁死后凯嘉图汗之篡位。第十九章记凯嘉图汗死后，拜都篡位。第二十章记极北方康治王。第二十一章记黑暗国。第二十二章记俄罗斯及其人民，又记腊克省。第二十三章先欲记君士但丁堡海峡，后以知者甚众，不再言之，乃改言在西方之鞑靼人，所谓西方者今欧俄诸地也。第二十四章记西方鞑靼人，及其诸王。第二十五章记阿老汗（即旭烈兀）与伯忽汗之大战。第二十六章记伯忽汗进军迎击阿老汗。第二十七章记阿老汗誓师。第二十八章记阿老汗与伯忽汗之大战。第二十九章记托托蒙哥得西方鞑靼王位事。第三十章记托托致奴该第二书及其答文。第三十一章记托托进军攻奴该。第三十二章记托托及奴该二人誓师。第三十三章记奴该王大胜。第三十九章跋文。

第四章　书中关于中国的记载

第一节　所记元代名人

马哥孛罗在中国所旅行各地,第三章第二节已言之矣,兹更将元初中国史书上名人,见之于其《游记》书中者录出,借以知马哥孛罗在中国所交游者为何人也。传不云乎,观其所友,则知其人,吾人既知马哥孛罗所交游之人为何等人或可借以知马哥孛罗在中国作何种事,此于研究马哥之传记,至为重要也。

元代诸帝

元太祖成吉斯汗（Chinghis Kaan）见于《游记》卷一第四十七、第四十八、第四十九、第五十、第五十一、第六十一诸章,卷二第二章,卷四第一章、第二十章。

元定宗贵由汗（Cuy Kaan）见卷一第五十一章。

元宪宗蒙哥汗（Mongou Kaan,又作 Mangu Kaan）见卷一第四十一章及第五十一章。

元世祖忽必烈汗（Cublay Kann）见序言第七章,卷一第五十一、第六十一两章,卷二第一、第二、第八诸章,卷三第二章,卷四第九章,此外本书各卷中,所称大汗,虽无名字在后,然皆指忽必烈也。

元裕宗真金（Chinkin）见卷二第九章、第二十三章,未即位而卒,与《元史》所记相符。

元成宗铁木耳(Temur)见卷二第九章,马哥在中国时,铁木耳尚未即位。

元初诸帝,唯太宗窝阔台汗之名,全书中不得一见,盖为其所不知也。马哥在中国入仕,官位不为卑下,而于本朝前三四帝之名,不能全知,且卷一第五十一章竟谓拔都汗为第三代大汗,旭烈兀为第四代大汗,何其茫昧无知耶?食肉者鄙,欧洲人亦然耶?

宗王

拔都汗(Batuy Kaan, Patu)见卷一第五十一章,误作大汗,又见卷四第二十四章。马哥误将赛因王(King Sain)及拔都大王(King Patu)作为二人,实则赛因乃拔都汗之谥法,美好之义也。

伯忽汗(Barca Kaan)见序言第二章,又卷四第二十四、第二十五、第二十六、第二十七、第二十八诸章。

忙哥帖木儿(Mungletemur, Mongotemur)见卷四第二十四章,又第二十九章。

脱脱蒙哥(Totamangul, Totomangu)见卷四第二十四章,又第二十九章。

脱脱(Toctai)见卷四第二十四章,又第二十九、第三十、第三十一、第三十二、第三十三诸章。

以上诸王,皆钦察国汗也,名见《元史》卷一百七,"宗室世系表"术赤太子位下,其他孛罗书中所举钦察汗名,不见中国书者。不列于此。

旭烈兀汗(Alau Kaan, Alacou)《孛罗游记》中此名多作阿老(Alau),又作阿拉库(Alacou),见序言第二章、第三章,卷一第六章、第二十五章,卷四第二十五至二十八等四章内。

阿八哈汗（Abaga）见卷四第四章、第五章。

阿鲁汗（Argoa）见序言第十七章、第十八两章，卷四第五至第十八等十四章内。

合赞汗（Casan）见序言第十八章，卷四第十七、第十八、第十九三章。

以上诸王皆波斯国伊儿汗王也，名见《元史》卷一百七，《宗室世系表》旭烈兀大王位下，其他诸伊儿汗名，不见中国书者，不列于此。

察合台（Sigatay，Chagatai）见卷一第三十四章，误作忽必烈之兄弟，又见卷四第一章。

察合台为成吉斯汗之第二子，名见《元史》卷一百七《宗室世系表》，马哥孛罗对于中央亚细亚察合台汗国诸王，仅举此一名而已。

海都（Caidou，Caidu）见卷一第三十四章，卷二第二章、第六章，卷四第一至第六等六章。

海都为元太宗窝阔台汗之孙，而马哥孛罗误以为察合台之孙，海都为世祖之大敌，与世祖争大汗位者三十余年，名见《元史·世祖本纪》，及卷一百七"宗室世系表"合失大王位下。

乃颜（Nayan）见卷二第二至第七等六章，乃颜为忽必烈之侄，而马哥误以为大汗之叔伯。

乃颜为别里古台大王之曾孙，别里古台为元烈祖也，速该之第五子，太祖铁木真之弟也。乃颜名见《元史·世祖本纪》，又卷一百七"宗室世系表"别里古台大王位下。

忙哥剌（Mangalai）见卷二第四十一章。

忙哥剌为元世祖第三子，受封为安西王，名见《元史》卷一百七《宗室世系表》。

忽哥赤（Cagachin）见卷二第四十九章。

忽哥赤为元世祖第五子，受封为云南王，名见《元史》卷一百七《宗室世系表》。

也先帖木儿（Essentimur, Sentemus）见卷二第四十八章，又卷二第五十一章。

也先帖木儿为忽哥赤之子，名见《元史·宗室世系表》，马哥于第四十八章误作元世祖之子，而于第五十一章又作大可汗之孙。

那木罕（Nomogan）见卷四第二章。

那木罕为元世祖第四子，无后，名见《元史》卷一百七"宗室世系表"。

亲王

佐治王（King George）见卷一第五十九章，卷四第二章。

马哥孛罗所言之佐治王即汪古部长高唐王阔里吉思也，阔里吉思《元史》卷一百十八有专传，阔里吉思（Gorigos）为叙利亚文基督教徒之普通名，等于今代英文之佐治也。

武将

纳速剌丁（Nesraddin）见卷二第五十二章。

纳速剌丁为赛典赤赡思丁之子，名见《元史》卷一百二十五，父子皆以立功云南著名。

李瓘将军（Litan Sangon）见卷二第六十一章。

李瓘《元史》卷二百六有专传。

阿术（Aguil）见卷二第六十一章。

阿术为元初名将速不台之孙，兀良合台之子，《元史》卷一百二十八有专传。

忙兀台（Mongotay）见卷二第六十一章。

忙兀台《元史》卷一百三十一有专传。

伯颜丞相（Bayanchincsan）见卷二第六十五章、第七十四章、第七十六章。

伯颜《元史》卷一百二十七有专传,为元世祖最信任之大将,灭南宋著名。

阿剌罕（Alacan）见卷三第二章。

阿剌罕《元史》卷一百二十九有专传。

范文虎将军（Vonsainchin）见卷三第二章。

范文虎《元史》无专传,然《元史》卷十一《世祖本纪》,及卷二百八《日本传》皆有文虎之名。

唆都（Sagatu）见卷三第五章。

唆都《元史》卷一百二十九有专传。

王著（Vanchu）见卷二第二十三章。

王著名见《元史》卷十二《世祖本纪》,又卷二百五《阿合马传》。

马薛里吉思（Mar Sarghis）见卷二第七十三章。

马薛里吉思至元十五年,授明威将军,镇江路总管府副达鲁花赤,在镇江造七寺,有梁相碑记,见《至顺镇江志》卷九。

文臣

阿合马（Achmath）见卷二第二十三章。

阿合马《元史》卷二百五有专传。

由上方名单观之,所记诸名人,帝王以外,几尽武人。文臣仅阿合马一人,阿合马被杀及乱事平定,马哥曾身预其役,故能详记之,其余文臣,见于《孛罗游记》者,竟无他人,吾故深以为马哥在元廷入仕,为武职也。

第二节　所记元代史事

（一）**宗王乃颜叛乱之平定**　乃颜者,忽必烈之侄也,封地在黑龙江,辽东高丽并受其节制,地广兵强,久有轻视朝廷之心。元世祖至元二十三年（西元 1286 年）,乃颜勾结东方诸王谋叛,并约西路大王海都相助。翌年,乃颜反,世祖亲征,大军急进,两军相距有三十日程,而仅二十日即达之,大战以后,乃颜军败被擒,乃颜为皇帝同族,帝不使其宗人之血溅地,故以毯包乃颜,在地面转滚不已,至骨碎身死而后止。乃颜为基督教徒,出征时,其军旗皆有十字架形,兵既败,回回教徒、犹太人及拜偶像者,皆讥嘲基督教徒之十字架无灵,大可汗闻之,禁止他教徒再事嘲笑,谓上帝助顺,乃颜背叛天子,逆天意,十字架不助之者,乃正其灵验也。《孛罗游记》卷二有六章,记乃颜乱事,《元史·世祖本纪》及李庭、洪福源、玉哇失、玉昔帖木儿、博罗欢等传,皆有记载,此乱平定,为元世祖晚年末次亲征。

（二）**奸臣阿合马之被杀**　阿合马,回回人,以皇后之荐,得世祖信任,善理财。世祖初年,连岁用兵,需财孔急。阿合马所上条陈,皆见采纳,又屡与朝中大臣如锡津、史天泽、姚枢等争辩得胜。世祖大奇之,尝谓人曰,夫宰相者,明天道,察地理,尽人事,兼此三者,乃为称职。回回人中阿合马才任宰相,其为上称道如此。由是言听计从,阿合马因之专横,肆其贪狠,援引奸党,子侄俱充要津,卖官鬻爵,无恶不作,欲得仕者,以妻女姊妹献之阿合马,则辄得职。民有附郭美田,辄取为己有,内通货贿,外示威刑,廷中相视,无敢论列。至元十九年,三月,世祖在上都,皇太子真金从。有益都千户王著者,素志疾恶,因人心愤怨,密铸大铜锤,誓愿击阿合马首。以戊寅日,诈称皇太子还都作佛事,结八十余人,夜入京城,旦遣二僧,诣中书省令市斋物。及午,著又遣崔总管矫传令旨俾枢密副使张易发兵若干,以是夜会东宫前。易莫察其伪,即令使领兵俱往。著自驰见阿合马,诡言太子将至,令省官悉候宫前。阿合马遣使率数骑出关北十余里遇其众,伪太子者责以无理,尽杀之,夺其马,南入健德门。夜二鼓,莫敢何问。至东宫前,其徒皆下马,独伪太子立马指挥,呼省官至前责阿合马数语,著即牵去,以所袖铜锤,碎其脑,立毙,并杀左丞郝祯。各官皆遥望莫测其故,张九思自宫中大呼以为诈,留守司达鲁花赤布敦遂持挺前,击立马者坠地,弓矢乱发,众奔溃,多就擒,著挺身请囚。中丞额森特穆尔驰奏世祖,世祖闻之震怒,命密枢副使孛罗等驰驿至大都,讨为乱者。孛罗等至都,诛王著于市,并杀张易。著临刑大呼,王著为天下除害,今死矣,异日必有为我书其事者。阿合马死,世祖犹不深知其奸,令中书毋问其妻子,及询孛罗,乃尽得其罪恶,始大怒曰,王著杀之,诚是也。乃命发墓剖棺,戮尸于通玄门外,纵犬啖其肉,百官士庶,聚观称快,子侄皆伏诛,没入其家属财产。敕以妻女姊妹献阿合马得仕者黜之。核阿合马占据民田,给还其主,庇富强户,输赋其家者,仍输之官。《孛罗游记》卷二第二十三章,所记完全与《元史·世祖本纪》及奸臣《阿合马传》相合。

（三）**永昌大战** 元宪宗时,世祖为亲王,受命率兵征大理、云南诸部。不过二年,而中国西南部数万里之地,尽为所征服。于是蒙古国西南与缅国,南与交趾为邻。至元十四年,三月,缅人内犯,欲立砦腾越永昌之间。时大理路、蒙古万户忽都,总管信苴日,奉命伐永昌以西金齿诸部族。忽都等昼夜行,与缅军遇一河边。其众约四五万(马哥谓有马步六万人),象八百(马哥谓有象二千),马万匹。忽都等军仅七百人(马哥谓有一万二千人)。缅人前乘马,次象,次步卒,象披甲,背负战楼,两旁夹大竹筒,置短枪数十于其中,乘象取以击刺。忽都分其军为三队,以拒之。既战,缅军败绩,人及象马自相践踏,死者盈沟,归者无几。十月,云南省遣都元帅纳速剌丁率蒙古、爨、棘、摩些军三千八百四十余人征缅至江头。《孛罗游记》叙述此战,大概与《元史·缅国传》所载相同,惟误谓大战时统帅为纳速剌丁(Nesradin),而忘忽都之名也。

(四)李璮之乱 中统三年(西元1261年)将军李璮反,以涟海三城献于宋,尽杀蒙古戍军,引兵趋益都,发府库,犒其将校,西进军据济南。元帝诏大名、洺磁、彰德、卫辉、怀孟、河南、真定、邢州、顺天、河间、平滦诸路,皆借兵守城。命史枢、阿珠,发蒙古、汉军讨李璮,大败之。璮退保济南,官军筑环城围之,璮不得出,至后以人为食,人情溃散,多什伯相结缒城以出。璮乃手刃爱妾,乘舟入大明湖,自投水中,水浅不得死,为官军所获,被诛。各处军民为李璮胁从者,并赦释不问。《孛罗游记》卷二第六十一章叙述此事,与《元史》记载相同。讨伐璮二将中有名 Aguil 者,即阿珠,又曰阿术,《元史》卷一百二十八有专传。其他将名 Mongotay 者,最近译音为忙兀台,惟据《元史·世祖本纪》中统三年记事,及卷一百三十一《忙兀台传》,忙兀台似于平定李璮乱事,非主要统兵将官也。世祖初年,为博州路奥鲁总管,博州为今东昌、聊城,距乱事范围极近,故谓忙兀台为曾参预平定乱事,亦无不可也。李璮之乱,为中统三年(即西元1262年)之事,马哥谓为1273年(至元十年)之事,亦错误也。《孛罗游记》中,记事年代,多不可恃,此其一也。

(五)灭南宋 至元十一年(西元1274年),元世祖以襄阳已下,而宋国执元使,乃命伯颜伐宋。伯颜率大军自襄阳沿汉水水陆并进,克汉阳、武昌,复顺长江而下,所至克捷。十二年,五月,既下金陵,抵镇江,伯颜北上赴阙,报告军事毕,复南下,取道益都、沂州,命水军溯淮而进,会师淮安城下,攻拔之。马哥孛罗记伯颜之军南征,始自淮安者,即指此也。是年十月,伯颜复至镇江,分军为三道南下,期会临安,自将中军沿运河而行。十三年,正月,至临安(今杭州)。宋宰臣陈宜中、陈世杰等以益王、广王下浙江,航海而南,伯颜遣人追之不及。宋太皇太后谢氏、皇太后全氏,及幼主显皆降。全氏及帝显皆北上,至上都,世祖极优待之。《孛罗游记》所载宋主逃入海中,仅皇后留守,后降至上都,蒙世祖优待,皆与《元史》相符也。惟谓1268年(至元五年),大可汗遣丞相伯颜南下伐宋,则年代错误也。

（六）**攻襄阳** 元兵围襄阳,三年不能下。尼哥罗孛罗、马飞孛罗及马哥孛罗三人献弩炮,有日耳曼人及某聂思脱里派徒相助制造。试验时,皇帝亲临,成绩甚佳,皇帝大喜,命运炮至襄阳城下用之,城中房屋遇之,皆被摧毁,居民大恐,计无所出,乃开门降。此事见之《孛罗游记》卷二第七十章,未言年代,考之《元史·世祖本纪》,此事在至元十年二月。各家记载,皆谓马哥孛罗及父叔此时尚在东来途间,未抵中国,攻陷襄阳,不能参预分功。然《游记》全书,记载确实,无一句谎言,马哥于此未必故造事实以邀功也。

（七）**镇江府基督教堂之建设** 耶稣纪元1278年(至元十五年),有聂思脱里派基督教徒马薛里吉思(Mar Sarghis)来充镇江府长官三年。在此三年间,建教堂二所。据《至顺镇江志》侨寓类,马薛里吉思,也里可温人(元时基督教徒之称谓)。至元十五年,授明威将军,镇江路总管府副达鲁花赤,因家焉。据同志卷九,梁相大兴国寺碑记，马薛里吉思所建教堂，共有七处之多也。《孛罗游记》载此事年代事实，皆与《至顺镇江志》相合也。

（八）常州屠城　伯颜下江南时，所统军队中有阿兰人者，皆基督教徒。常州城破后，举大宴会，待至深夜，皆酩酊大醉，昏睡如豕，城中人乘机尽杀之。伯颜闻之大怒，复遣他军来攻，尽屠城中人，为阿兰人报仇。《孛罗游记》中，常有因二人同名，而将二人之事，误作一人之事，或两地音相近，而将两地之事，误作一地之事。研究《马哥孛罗游记》者，皆知有此情形。常州屠城事，马哥孛罗亦显然有误会。据《元史·世祖本纪》及《伯颜传》，常州屠城，实有其事，惟无阿兰人醉酒被杀事。阿兰人亦名阿速人，醉酒被杀事，乃在镇巢府，非常州府也。镇巢府即今安徽巢县。镇巢府西文拼法为 Chen-Chowfu，常州府拼法为 Chang-Chow fu，读音极其相近，故马哥有此误会也。镇巢府宋将洪福以计乘醉屠杀阿兰人事，见《元史》卷一百三十二《杭忽思传》、《玉哇失传》。洪钧《元史译文证补》卷二十六上，《释地》"阿兰阿思"条云："元世祖时，费尼斯国人谟克波罗入仕于元，著书云，阿速人多入军籍，从天主教，伯颜平江南，师至常州，城将乞降，阿速军入城，城中蓄良酝甚多，酣饮醉卧，兵民尽杀之，而拒守。招降不从，乃攻破其城，悉屠其众，与《元史·伯颜传》说异，而屠城不异。史书纪述，有时不及私录之真，采之可以补《常州府志》"云。屠寄《蒙兀儿史》亦从洪说，吾意马哥孛罗此处有误会，不可采之以补《府志》也。

（九）征日本　元世祖遣阿剌罕（Alakan）及范文虎（Vonsainchin）率大舰队，载运大兵，自泉州、杭州横渡东海征日本。登岸后，占领圹野及村庄数处。元之统兵二帅不和，各不相救。天忽起北风，异常猛烈，船舰多坏，所余者仅三万人，逃之某岛上。二帅各自率船逃回本国,不顾余兵。日本人渡海来攻,登陆后,舍舟于海滨,追元兵,而元兵由他道奔至海滨,夺日本船而航至陆地,冒用日本国旗,日本人不疑,遂得袭据京城。日本王回兵围此城七月,元兵以无救援而降。大可汗以逃回将军,有玷军人名誉,故命斩之。《孛罗游记》此处所记,大概与《元史·日本传》相符,惟后一段谓元兵利用日本之船航登他岸,袭据京城,与真确事实不合。孛罗记此事在西历 1279 年(至元十六年),亦误。征日本失败,为至元十八年(西元 1281 年)事也。

第三节　所见中国文明及由马哥孛罗之记载比较当时中西文明程度

所谓文明者,人群进化之事业,如国家社会之组织、宗教、道德、文艺、学术等,皆是也。兹特就《孛罗游记》中关于此项之记载,条疏出之,比较古代中国文明与欧洲中世纪之文明。吾国元时之文明,固在欧洲人之上,欧洲人今日飞腾吾之上者,仅兹二三百年时间耳。吾人处今日积弱多乱之中国,常闻有自暴自弃之言,谓中国为半开化之国,人种为劣等人类,永不能与欧美人竞争也。读《马哥孛罗游记》能使吾人兴奋,不甘自暴自弃也。

(一)国家富强　马哥孛罗入中国境后,第一事为其所惊异者,即蒙古帝国疆宇广大,兵马盛强,人民众多,财富充裕。凡此数事,皆一国文明发生,所必需之要素。马哥孛罗以一贫窭商人之子,蒙元世祖之特别擢用,仕至显宦,富有巨万,宜其对于世祖颂扬之声,溢于辞表也。其所言者,惟不免有过誉之处,然亦多历史上之实情也。卷二第一章云:"余今将于吾书此处,告君当今御世大汗之各种奇伟事迹。大汗名忽必烈,大汗者,犹言君主之君主,或皇帝也,其有此称号,可谓名符其实,盖凡人皆知彼兵力,土地,财富,皆超过他人,其强为世界所无,自吾辈始祖亚当以来,未有如斯者也。""彼于1256年(误。应作1260年)即位,以才勇贤明论,天下之归于彼,乃理势所当然。其兄弟及族人尝与争位,然至今依然安于位者,一因彼之胆勇,足以维系,二因以法理权利言之,彼为直接帝裔也。"(见卷二第二章)"彼之身躯中材,不过高,亦不过矮,肌肉适当,四肢相称,面色白红,双目黑美,鼻端正美观。"(见卷二第八章)"其诸子亦皆有才能,父既为鞑靼诸部前此所未有之聪明才能之人,最雄伟之主将,最贤明之国主,最勇敢之统帅,则诸子之能有父风,亦理所当然。"(卷二第九章)自此数语观之,马哥孛罗颂扬及倾仰忽必烈,可谓至矣。乃颜之战,大汗在近都县邑,征集马兵三十六万人,步兵十万人,马哥谓"此不过大汗全部军队之小部分,其余远方军队,因距离太远,不能急调,且已奉命征伐远方诸国,若待全数征集,则其众之多,言之使人难以置信。盖为自昔所未闻,史书所未记,其众不可以数量也。所召集之三十六万马兵,仅京城附近鹰匠与猎夫而已。"(卷二第三章)马哥此处言元朝兵马之多,不免夸张,而其心中所存元国之实力,亦可以忆测矣。"皇帝家藏之酒杯盆碟,皆以金银制成,所有此类金银器皿之价值,总共计之,其数巨大,以前人所未见未闻,言之将使人不信也。"(卷二第十三章)记杭州城各种税捐收入云:"第一项盐税收入甚多,每年有八十拖曼(toman),每拖曼有七万撒基(saggi),故八十拖曼共值黄金五百六十万撒基,每撒基,值一金佛罗林或一的由喀忒,其数亦诚巨矣。""大汗数次遣马哥孛罗检查此蛮子国第九省之盐税,马哥因得知盐税以外,其他赋税有二百一十拖曼,合黄金一千四百七十万撒基,诚为最大收入矣。一国君主仅自全国九省中之一省,收得此多之赋税,若其全国之数,更可想而知矣。"(卷二第七十八章)

（二）政治善良　"大汗因此省赋税收入甚巨,故视此省为其最要之省,特别加意防守,使秩序不乱,人民满足也。"(卷二第七十八章)"皇帝遣使至所有邦国省郡,访询官吏,人民有无因水旱灾,风雨,蝗虫,及他种灾殃而受痛苦者,若有被灾者,则免其租役。不独此也,更命自国立仓库中所藏米谷,供给其饭食及种子,此诚为大可汗之仁政矣。严冬至,则使人询访,人民有无因瘟疫,或他种灾殃,而丧失牛畜者。有之则此等人不独可以免税,皇帝更赏赐其牛也。皇帝以此法扶助抚养所有臣服之人民。"(卷二第二十七章)"皇帝见谷丰而价廉时,则收买极多,贮藏于各省之仓库内,贮藏谨慎,虽三四年不致腐坏也。""小麦、大麦、稷、米、稗等各种谷皆收藏,若有一种缺乏,则令库中放出此种,以补其缺。某谷每斗价值一贝桑(bezant)时,则皇帝自仓库中取出某谷,使一贝桑可购四斗,务使物价平廉,人民皆可得食。依此善政,故人民永无受饥寒痛苦之时,全国如此,各仓依地方人民需要而订贮藏多少。"(卷二第三十一章)"大汗将都城贫穷户口查清,各户中有六口者,八口者,十口者,多少不等,然全数甚多,大汗供给各户全年小麦以及各种谷类,每岁如此。此外往官立施舍处,每日取分施品者,每人另得大馒头一枚,新自锅中蒸热取出者,人人皆得沾恩惠,不得拒绝,盖帝命如是也。计每年全城有三万人,依此施舍以度日,此为皇帝待贫人之最大仁政也。贫人得惠如此,故皆奉之若神明也。又施舍贫人以衣,羊毛丝麻等衣料,皆征什一之税。所征得者,织成布后,贮之专室。命各种工匠每七日中抽出一日,来作公事。皇帝以此法将布制成冬夏衣服,舍之贫人。……鞑靼人未奉偶像教前,向不施舍,其有向之求乞者,则谓之曰,上天所弃之人速去,上天若爱汝如爱余者,则彼亦必供给汝矣。偶像教之圣人及比丘谓大汗施舍贫人,为功德事业,神明欣悦保佑。故自此以后,大汗施舍贫穷,以济困乏,如余所述也。"(卷二第二十三章)以上皆古代中国圣王解决民生问题之最良方策,古代欧洲所无,大为马哥孛罗所称赞者也。洪范八政,食货为首,历代君国子民者,皆以聚敛为戒。财聚则民散,财散则民聚,古圣王垂训,为后世百代,遵守不易之方策。经济为历史上治乱之最大原因,中国人固早已先马克思而发明矣。

(三)**交通便捷** "由汗八里都城有甚多道路分向各省,路名即以所趋向之省为名,此诚为极聪明之计划也。"(卷二第二十六章)"皇帝命于道旁植树,每树相距数步,树长成甚高,自远处可以眺望,昼夜不致失路,无人居之地,路旁亦植树,为旅行者之便利,所有可行道路,两旁皆植树。"(卷二第二十八章)"皇帝使人自都城出使者,每二十五里必有一驿,每驿有房舍,宏大华丽,内备床铺,皆以绸缎制成,所有必需之品,无不俱全,专为钦使来往休息之用,即使国王寓此,亦必觉其安适也。各驿备马,多少不一,多者四百匹,少者二百匹,依各地需要为准。所有通至各省之要道上,每隔二十五英里,或三十英里,必有一驿。无人居之地,全无道路可通,此类驿站,亦必设立,惟相距道里稍远,每日路程定为三十五至四十五英里,亦备有马匹及各种需要物品,与他处相同也。此事规模之大,自来所未见也。他国皇帝王公,皆无此财力,以办是也。合全国驿站计之,备马有三十万匹,专为钦使之用。驿站大房屋,有一万余所,皆设备研丽,其华靡情形,使人难以笔述也。"(卷二第二十六章)马哥孛罗生于中世纪破碎之欧洲,各小国及自由市峙立,不相统一,环地中海而居者,又皆以水为通。中国为大陆国,情形完全不同,历朝注意邮驿,元朝版图尤大,驿政较前更为发达,宜乎马哥孛罗见此大规模之驿政,赞叹不置也。

(四)**宗教道德** 宗教为人群社会道德发生之源。欧美人今日所遵守之道德,皆基督教之道德。中国人所守者,孔子与佛教之道德。马哥孛罗为基督教徒。在东方观察他教徒之苦行节欲,别具眼光,不可不言也。北京西便门外,有白云观者,元太祖成吉斯汗赐与道士丘处机者也。其徒专以节欲苦行为修身之要。马哥在北京时,必曾见之。有记云:"有一种信徒曰先生者(元人称道士为先生),其人终生苦行节欲,终其生所食者仅米糠麦麸和热水而已,此外无他物也,所饮者仅水而已。终生斋戒,毕生刻苦节欲,非常人所及,自有偶像甚多,有时拜火,其他拜偶像者称此派人为异端,因其所拜之偶像,不与相同也。先生派无论如何不娶妻,衣麻苎,卧草席,其衣黑蓝两色皆备。如是苦行,真堪惊异也。"(见卷一第六十一章)白云观道士守其师道,至今不变也。马哥又记北京一般人民云:"人民言语文雅,见面行礼甚恭,笑容可掬,举动君子,饮食中礼,孝顺父母,若有子犯父母,或不供父母者,则有公署,专司责罚不孝父母之人也。"(卷二第三十四章)

(五)**通行钞币** 钞币为今文明世界所通用之物,发明最早者为中国人,唐曰飞钱,宋曰交会,金曰交钞,元初仿唐、宋、金之法,有行用钞。世祖时,造中统元宝钞,行之全国。以后波斯、印度两国亦曾仿行,惟皆酿成财政大恐慌,而终致失败。欧人行用钞法,盖亦自中国取法也。《孛罗游记》卷二第二十四章专记此事云:"皇帝之造币厂亦在汗八里都城,其造币之法,君若知之,将谓其已完全知悉化方术之神奥矣,其国盛产桑树,桑叶可以喂蚕,取桑树皮之内层制成黑纸。将纸切成大小片,最小者值半拖内赛尔(tornese),其次稍大者,值一拖内赛尔,再次者值威尼斯银币半格罗脱,再次者值一全格罗脱,又有二格罗脱,五格罗脱,及十格罗脱。又有一种值金币一贝桑脱,其他值三贝桑脱,上至十贝桑脱。所有此等纸币,皆以皇帝命令发行之,与金银一同行使,每张楮币上,有甚多官吏之名,此等官吏,其职即专管签字及盖印于各种纸币也。名印签盖以后,大汗所任专使复加盖朱印,使印形永留红色于纸上。各种手续完后,币即永远通行有效,假造者死罪。大汗每年不需分文,而造成此币无数,价及全世界之所有财产也。楮币造成以后,地丁钱粮,以及各种国家税捐,皆使用之。全国各省区凡大汗势力所得达者,皆行用之,无论何人,上自王公,下至庶人,不收用者,则以死罪论,各色人民,亦皆乐于行使。盖全国无论何处,皆能通用,买卖货物,与金钱无别,再楮币甚为轻便,价值十贝桑脱之货币,称之尚不及一金贝桑脱之重也。"(卷二第二十四章)

（六）**建筑美丽** 中西建筑孰为优劣,孰为美观,即在今日,美术专家尚不易评定也。久居东方之西人,皆喜建筑外中内西之房屋,如北平协和医院、燕京大学、辅仁大学等大建筑,皆外取中国之形式,而内里设备则西法也。北平皇宫之建筑,各省大庙宇桥梁,今代西人见者,皆交口称美也。马哥孛罗为意大利威尼斯市人,威尼斯市为欧洲美术著名之区,其比较中西美术,尤可注意也。马哥孛罗所言中国之建筑,约略可分为宫殿、都市、桥梁三种。卷一第六十一章记上都之宫殿云:"此处有极美丽大理石宫殿一所,其房屋皆满涂金,壁上绘人物鸟兽,树木花草,工极精巧,见者莫不喜悦叹赏也。"卷二第十章记北京皇宫云:"第二道城之中央,为皇帝之大宫殿,吾将述其形状若何也。此为从古未有之大宫殿。……宫无楼,皆仅在低层,殿基高出地面十掌,基之四周,有大理石墙环绕之,墙高与基相平,殿墙外面走廊,宽约二步,人可环殿而行,四周可观,大理石墙之外边,有极美丽之柱槛,至此行人止步。殿顶极高,宫墙全涂金银,饰以雕绘龙形,鸟,兽,人,佛及各种之像,天花板上亦全为金银及绘画。四周各有大白石阶级,高与大理石基墙相等,为进入殿内之途路。宫内大厅极宏敞,可食六千人,此外千房万屋,诚为壮观也。全部建筑之宏大,富裕美丽,全世界无人可以计划,较此更佳者矣。"卷二第四十一章记陕西长安城外,皇子安西王忙哥剌之宫云:"此宫华丽宏大,位于太平原上,多湖沼川流溪泉。宫之四周,有雄壮伟大围墙,周五迈耳*,建筑坚固,墙有雉堞。墙内即王之宫殿,宏大美丽,无以复加,宫内有甚多大厅房舍,皆加藻绘,并饰以金叶。"卷二第七十六章马哥叙述杭州南宋之宫殿云:"此城有蛮子国逃亡皇帝之宫殿,其广大为世界最,吾将详述之也。基宅四周十里,有高墙环之,墙上有雉堞,围墙内有花园,其美丽乐人,全大地上,无可与匹也。园中产佳果,味至鲜美。又有水泉多处,汇流成湖,湖中鱼族甚丰。园之中心,为宫殿本身,雄壮华丽,有大殿二十所,一殿尤为宽大,可容大众共餐。墙壁皆金画,记古代事情,或鸟,兽,武士,美女及各种奇事。所有墙壁天花板上,皆满饰金画,不愧为奇观。大殿以外,又有房舍一千间,亦皆宽阔美研,尽饰金及各色彩画。"

卷二第十一章记当时新造成之京城大都云:"新造之都城,周围二十四迈耳,每边六迈耳,城四方形,城为土墙,城基厚十步,高十步,顶上不如是厚,由下而上逐渐减薄,至顶仅厚三步耳。全城

---

* 即英里。——编者注

皆有雉堞,涂以白色。有十二门,每门之上,有高大望楼一所,每周角亦有望楼,故城之每面,有三门五楼,楼中贮藏守备军之军械。街道宽阔矢直,自此端可以望见他端,自此门可以望见他门也。城内各处,有华丽大厦。大旅馆甚多,设备精致。此外住房佳者亦极多。街道尽为纵横直线,住家店铺,所占地段,因之悉为四方形,各段房屋,皆甚广大,有庭院苑园,大小不同,各段皆赐给各家长。每段之外,有华丽街道,以备交通。全城布置,形如棋盘,分成无数四方段。其处理精备,难以笔述之也。"古代城市之长成,大半皆任其自然,政府不加干涉,故街道屈折,或宽,或狭,或通,或断,全无规则。中国古代专制帝王,用其威力营造新都,强迫人民迁徙,以实京师,务为强干弱枝,四海观瞻,如秦始皇之营咸阳,隋文帝之建长安新城,元世祖之建大都,明太祖之建应天城,皆具极大规模,使城市整齐划一,自有其美观便利也。古代欧洲无此大规模之新都市,无怪乎马哥孛罗谓其处理精备,难以笔述也。

威尼斯为一商港,以河流为街道,以船舶为车轿,建筑桥梁,尤为其人所擅长。马哥孛罗在中国见大桥梁,必记载之,述其华丽,津津不倦也。卷二第三十五章记卢沟桥云:"桑干河上有极佳之石桥一座,宏大美丽,可与比拟者,实甚少也。此桥之形状如下,长三百步宽八步,十人骑马,可并驰而过。桥下有拱门二十四,水磨数与相等,皆以大理石构成,建筑极佳,基础坚固,桥之两边,有大理石栏杆,悉为石柱石板。桥端有石柱,柱下有石狮,柱立于狮腰之上,柱顶又有石狮,两狮皆大,雕刻极精。距此柱一步之遥,又有一柱,其脚与顶,亦皆有石狮。两柱之间,闭以石板,防人坠入水中。依此情形,桥之两边,石柱林立。桥之全部,实一美观也。"卷二第四十四章,记四川成都府城中大桥云:"城中有大桥一座,横过此河

（似指岷江），桥为石所构成，宽七步，长半迈耳（河亦同宽）。桥之两边有石柱，桥有顶盖，在石柱之上，自此端以达彼端，顶盖尽皆绘画，桥上有房屋，为工商贾之居。然此类房屋，皆以木料构成，清晨搭成，夕则拆下。桥上有大汗之税关，稽征来往货物，每日所征得之税，有一千金锭。"卷二第七十五章记苏州"城内有石桥六千座，桥皆甚高，一船或二船，同时可通行其下。"卷二第七十六章记杭州"城内有石桥一万二千座，桥皆甚高，大舰队可通行其下，全市立于水中，四周环水，故有桥甚多，以便行旅也。桥虽极高，然两头近桥之地，皆使逐渐高起，俾车马可以过桥也。"卷二第八十章记福建建宁府有"石桥三座，皆为世界最美丽，最佳之桥也。三桥长皆一迈耳，宽九步，桥上有甚多石柱为饰，工程良而奇伟，即建筑一座，需费亦当不资也。"

（此文原由商务印书馆1931年出版）

泉州访古记

泉州为中世纪时世界上第一大商埠。余昔久闻其名,惟因居北方,未得机缘以来探访。十五年秋就职厦门大学,厦门距泉州仅隔一衣带水,乘轮船往,五六小时即可达。阳历10月杪,厦校特派教授陈万里,德人艾锷风(Ecke)①及余三人,往其地搜访古物古迹。余在昔研究中西交通史,得知泉州为中古东西文明交换地点,中外货物输出输入之中心地。今得亲往调查,诚大快事也。兹特将行程及调查所得者,为之详记如下,以饷世之有同癖者焉。

阳历10月31日清晨,五点半,由大学门前码头,雇小划船至厦门镇。换登祥鹏小轮。7点开轮出口,沿厦门岛北行。继则右手可望金门岛。至11点时,船抵石井。以河水太浅,乃另换小划船进口至安海镇。愈向内地,河身愈浅隘。将抵安海时,即小划船亦搁浅不能前进。乃有乡人多名,自岸上涉水,来负余等及行李至陆。既抵安海,至闽南汽车站候车往泉州。由安海至泉州有汽车道,长六十里,行四十分钟即至。汽车公司为民办,而军政长官为之设立护路队。盖近年以来,百政废弛,民生日窘,以致土匪遍地,白昼横行,往往有劫车之事也。泉州汽车站在南门外晋江南岸。下汽车,

---

① 艾锷风,即艾克(Gustav Ecke,1896—1971年),德国汉学家,1923年来华在厦门大学任教。——编者注

后乘人力车,入城中天主教堂。途过一长石板桥,横跨晋江。江甚宽,边有积沙,水不甚深。潮涨时,大船或亦可驶至城边也。《福建通志》卷二谓晋南渡时,衣冠避地者多沿江而居,故名晋江也。由江边至城中心,有直达大街,为石板铺成。街甚宽阔。两旁多有新建洋楼市场,街中石牌楼甚多,难以枚举,皆表旌妇女节孝,官吏功勋,士子学位者。俱可以示游客地方文化事业之精进,人民财力之富厚也。既抵天主堂,由艾锷风投刺谒神父任道远(Seraphin Moya)。神父,西班牙国籍也,来华已二十余年。先传教于漳州,继乃来泉州,在泉州已二十二年。善操泉州土语,颇识华文。出见余辈,貌极相谒,引入堂内厅中坐。寒暄毕后,导余等至开元寺游览。据寺中石碑,谓寺创于唐睿宗垂拱年间(西元685至688年),以后历代扩张修理,而有今日宏壮气象。寺之前,东西两院,各有一塔。高七级,全为冈石构成。各级皆有雕刻佛像,工作精致,尤以东西塔为最。塔底缕有释迦佛事迹四十件,他处所未见也。西塔新修理。东塔顶倾斜,明春亦将重修。两塔皆建于北宋淳化年间(西元990至994年),工程甚巨,以彼时人民财力可以任之,若在今日,恐不易举矣。寺中有新立孤儿院,并僧人小学。方丈适往南洋群岛募捐。有江西僧某,能普通语,导吾辈至各处参观。大殿亦新修,梁柱皆有绘像,像多有翼,颇异于他处庙宇。任神父谓或受古代基督教堂之影响也。殿中佛像之布置,亦颇异于他处。像在殿之中央坛上。像顶上面,有伞盖。四金刚立于坛之四角。四角地上,各有大木橱,贮大藏经,年代颇古,多有为蠹虫所蚀,再不另设良法保存,将来必成废物矣。开元寺参观既毕,任师父即引余等至已故教友陈光纯先生家宅,觅一宿处。陈太太亲出接见,给余等以院前洋楼,临时预备洋式床铺三具,又亲送茶点以充饥。其待远客,可谓仁至义尽矣。神父归寓后,又遣人送给晚餐。十一时始就寝。

次日(即11月1日)上午,早餐后,往教学谒神父。途间见路上石板有镌阿拉伯文者两块。所云为何虽不可知,然此等发现,亦犹之地质学家探矿,于荒山芜草之中,发现矿苗一块,即以测定山中蕴藏也。路上石板,镌有阿拉伯文,前此泉州多阿拉伯人,从可知矣。见神父后,稍坐,彼即导余等往府学参观。府学占面积甚大。大成殿正当修葺,有南宋时石碑尚存。古代榕树多株,粗约四五围。适有晋江人陈育才者字泽山,能普通语,来周旋吾辈。吾因问彼现在泉州尚有姓蒲者乎。彼云仍有,惟有改姓为吴者。宋末蒲姓在泉州颇有势力,当帝昺南奔,蒲姓开泉州城门迎元兵,迫帝昺南奔粤。明初,太祖惩罚蒲姓,故改为吴。现今人口约有二百余,居南门外,无大势。泉州南门外塘头山下,新自永春迁来蒲姓一户,制香为业。永春蒲姓人口甚众,有数千家云。陈君所答,乃正吾心中所欲问者。陈君给余名片,其职衔有八:一曰兴泉永公路总局顾问,二曰莆泉漳龙公路筹备处顾问,三曰福建实业厅谘议,四曰督办福建军务公署谘议,五曰兴泉警备总司令部顾问,六曰前厦门道道尹公署实业课主任,七曰前南安县知事,八曰前泉永公路局局长。职衔如此之多,人必多才多学,所言必可恃也。吾心中所欲访问者,乃宋末元初阿拉伯人蒲寿晟、蒲寿庚至今有无后裔在泉州也。明陈懋仁《泉南杂志》卷下云"宋德祐二年十二月,蒲寿庚及知泉州田真子以城降于元"。考《泉州府志》,田真子晋江人,文天祥同榜进士,为州司马。蒲寿庚其先西域人,与兄寿晟总诸番互市,因徙于泉,以平海寇得官。寿庚顽暴寡谋,寿晟为之划策,密畀寿庚以蜡丸里表,潜出降元。今但知寿庚之叛宋,而不知寿晟之主谋也。其子师文尤暴悍嗜杀,孙胜夫其党也。余按《宋元通鉴》云:"我太祖皇帝禁泉人蒲寿庚孙胜夫之子孙,不得齿于士。"盖治其先世导胡倾宋之罪,故终夷之也。陈懋仁仅记其为西域人,未明言为大食(即阿拉伯)人也。然吾人一翻《宋史·大食传》,宋初来中国之使者姓名多冠有蒲字,寿晟及弟寿庚之为阿拉伯人可以断然无疑。《福建通志》卷二百七十四《丛谈》云:"蒲寿庚以有功于元,子孙多显达,泉人畏其薰炙,元亡乃已。明太祖时,禁蒲姓者,不得读书入仕。"(转录《闽书》)曹学佺《泉州府志》卷五云:"宋末,西域人蒲寿晟与弟寿庚以互市。至咸淳末,击海寇有功,寿庚历官至招抚使,寿晟授知吉州,不赴,劝寿庚据泉以降元。策既定,佯着黄冠野服,入法石山中,自称处士,伪示不臣之意。忽有二书生,因其昼寝。各投一诗,不著姓名而去。其诗云:'梅花落地点苍苔,天意相商要入梅。蛱蝶不知春去也,双双飞过粉墙来。'其二云:'剑戟纷纷扶主日,山林寂寞闭门时。水声禽语皆时事,莫道山翁总不知。'"寿晟有《心泉学诗稿》六卷,保存于《四库全书》中。《四库简明目录》卷十六云:"其诗恬淡闲远,不失雅音。"寿晟、寿庚之子孙,至今尚存,足以证明福建人中有阿拉伯人苗裔也。

参观府学既毕,乃出前门,至宽仁铺府学街参观古回教清真寺。寺之围墙,皆以冈石构成,上层有阿拉伯文刻石一行,内外皆是。大门向南,甚高,亦俱石也。门顶上,有弓月形穴两层。任神父谓仿叙利亚大马色克城(Damascus)大礼拜寺建筑者。进门右手墙壁上,刻有明成祖之敕谕如下:"大明皇帝敕谕米里哈只:朕惟能诚心好善者,必能敬天事上,劝率善类,阴翊皇度。故天锡以福,享有无穷之庆。尔里哈只早从马哈麻之教,笃志好善,导引善类,又敬天事上,益效忠诚,眷兹善行,良可嘉尚!今特授尔以敕谕,护持,所在官员军民一应人等,毋特慢侮欺凌;敢有故违朕命,慢侮欺凌者,以罪罪之。故谕。永乐五年五月十一日。"既入门,右手有石碑二,立于墙边,无顶盖遮掩,经风雨侵蚀,多不可辨矣。大门上,有阿拉伯文石刻。译义为:

> 此寺为居留此邦回教信徒之第一圣寺,最古最真,众所宗仰,故其名为"圣友之寺"。建于回教纪元四百年(即西元1009至1010年,宋真宗大中祥符二年)。后三百余年,至回教纪元七百十年(西历1310年,元武宗至大三年)有耶路撒冷人摩哈美德者,又号泄剌失(shiraz)之香客卢克那尔丁(Rwkhnaldin),其人有子曰阿合玛特(Ahmad),出资修葺古寺。大门上弓形顶盖、进门甬道以及门庸,皆焕然一新。盖所以敬上帝者也。祈上帝及圣人摩诃末与其家族,以后宽宥彼辈也。

此刻原为阿拉伯文。昔西班牙神父阿奈资(Arnaiz)译为法文。艾锷风自法文译为英文。余自英文译成汉文。(见 *Toung Pao*,1911。)

其左手有大院。院墙之南面,即在外面所见之墙也。墙皆冈石砌成。年久塌败,院内污秽不堪,现赁与回教徒为屠牛场。院墙里面四周上层,亦皆刻阿拉伯文《可兰经》中佳言也。管寺教主许宝玉先生,字昆山,江苏砀山县人也。民国十三年,受北京回教总会派来泉管理此寺,每月由厦门回教总会津贴数元,以作经费。余等问以刻字何解,彼不能答,盖古字也,若今文彼必能言之矣。万里特为诸石摄影,以留纪念。后堂乃清同治壬申年四川盐亭人江长贵所重修。江是时为提督,驻泉州,亦回教徒也。堂之四壁,亦皆有阿拉伯文刻石。万里特将其正面左手者,拓下以备存留于厦门大学国学院中。本地回教徒,怂恿许君不允吾辈摄影拓字。许君以此乃代彼教宣扬事业,不必阻妨。许君并嘱摄影洗竣,可赠彼数张也。又引余辈至其卧室,观彼教中礼帽圣经。与许主教同寓有江苏泗阳众兴镇人唐某,亦彼教中人,适其外出,故未得遇焉。以前寺址甚大,后因多年无人管理,基址多为外人侵占。新近北京回教联合会派人来管理,而已无从稽查以前地基究至何处矣。按元三山吴鉴《清净寺记》云:"宋绍兴元年(西元1131)有纳只卜穆兹喜鲁丁者,自撒那威从商舶来泉,创兹寺于泉州之南城。造银灯香炉,以供天;买土田房屋,以给众。后以没塔完里阿哈昧不任,寺坏不治。至正九年(西元1349),闽海宪佥赫德尔行部至泉,摄思廉夏不鲁罕丁命舍剌甫丁哈悌卜领众分诉宪公。任达鲁花赤高昌契玉立至,议为之征复旧物,众志大悦。于是里人佥阿里愿以已赀一新其寺。"然则是寺创始于南宋,修于元末矣(此说与阿拉伯文刻石不符,或至正时再修也)。撒那威即 Siuof 之译音,宋时波斯湾头大商港也。元顺帝至正七年左右,有摩洛哥国人依宾·拔都他(Ibn Batutah)尝至泉州。其游记中有开才龙(Kazerun)人白儿罕-乌丁(Burhan-Uddin)及塔伯利资(Tabriz)人夏立甫-乌丁(Sharif-Uddin)皆为当时居留泉州之回教商人领袖(见 H. ule. Cathay IV,119—120)。白儿罕乌丁必即不鲁罕丁,夏立甫-乌丁必即舍剌甫丁,毫无疑义。摄思廉夏乃 Islam Sheikh 之译音,其义犹"回教教师"也。欧人研究《拔都他游记》者,如法国人费兰德(M. Fenand)谓"拔都他决未至印度支那(Indo-China),及支那本部,可断然也。其书数章记以上诸国者,皆伪造也"。见 yull(Cathay iv p. 48

Tootnote)拔都他在泉州所见之人名,皆见之中国记载,尚可谓之伪造乎? 费兰德睹此,当自认失言矣。

回教古寺参观既毕,日已过午。任神父乃率余辈由府学街回寓。路过奏魁宫,亦小寺庙也。其墙壁上,有石刻小神像,像顶有十字架,像胸亦有十字架,又有两翼:其为古代基督教徒所遗留者,可以无疑也。任神父谓或为古代聂思托里派基督教徒(Nestorian Christian)之遗物云。查中古时代来中国之基督教徒分聂思托里派及圣芳济各派(Franeiean)。聂思托里派,唐太宗时即入中国,所谓景教是也。以先来及距策源地近之故,在中国势力最大。圣芳济各派,元世祖末,始由约翰孟德高维奴(John of Monteco vino)自欧西传入中国,先布教于北京,次乃及于汪古部及泉州两地。《马哥孛罗游记》记中国事最详。彼所至各地,若有基督教徒,则必标出。其书卷二第八十二章,记刺桐城(Zayton)即泉州古名,未言有基督教徒及教堂。是其地当元世祖时,尚无基督教徒也。及至元泰定帝时,高伪和德理(Friar Odorie)过泉州北上北京时,记其地芳济各派有教堂二。泰定三年(西元1326),住刺桐主教安德鲁(Bishop Anddew of Pemgia)致友人书,亦言刺桐有教堂二:一在城内,先筑成;又一在城外,约半迈耳许,为彼至刺桐后所筑。元顺帝至正六七年时,教皇专使马黎诺里(Marignolli)过刺桐,记其地有芳济各派教堂三所,皆不言有聂思托里派。任神父谓吾辈所见之十字神像,为聂思托里派,似无根据,吾意以为元时芳济各派之遗物也。归寓后,示神父以清光绪十五年鄂城崇正书院刊印之《真福和德理传》(*Travels of Friar Odoric*),传前《导言》记"有十字架碑三。其一于万历己未年(万历四十七年,西元1619),在泉州南邑西山下出地,崇祯戊寅年(十一年,西元1638)募勒。其二在泉州城水陆寺中,为大司寇苏石水先生之太封翁所得,于崇祯十一年二月中教友见之。于耶稣受难瞻礼之前日,奉入圣堂。其三在泉州仁风门(东门)外三里许,东湖畔。旧有东禅寺。离寺百步许,有古十字石,在田侧泥泞中。雨淋日炙,苔藓层封,过者不问,见者不识。忽于崇祯十一年二月,耶稣复活之四日,有教友因扫墓见之,遂于三月望前,邀集信辈,恭奉入堂。因问神父,所有三石,是否即在其教堂内。神父答彼亦闻人言此事矣。彼今所居之教堂,仅有三十七年历史。当彼接收筑理此堂时,毫不知有古代遗物存在。"明末清初时,泉州或另有天主堂,后经雍正帝驱逐教士,而堂亦被毁;彼时教堂地址何在,及存石何往,皆已无可探悉。泉州城又有英美耶稣教堂两处,建设已六十年。其堂教士对于此事,亦全不知。午餐后,复往奏魁宫。万里将前所见之古基督教神像摄影,以留纪念。摄影毕后,复往开元寺东塔,拓塔底释迦佛事迹,而拓工不至,候至晚乃归寓。

次日,即十一月二日上午,任神父率余辈参观其西城启明女学,及国学专修院之新建筑。其设计绘图,皆神父亲自为之。三级高校,巍巍入云,在全城中,实为第一。余等升至屋顶高台远眺,全城风景,尽在目中。城为椭圆形,东西长,南北狭,共有七门。南门附近,城墙已拆。城内富户住宅甚多,宅中多有园庭,花木蓊郁。吾昔读《拔都他游记》,谓泉州人家多花园,占地甚广,故城市甚大。今见情形,尚无异于数百年前外国人之记载也。城市未改,而繁盛已非昔日比矣。向东远眺,可望见海。据云,距城仅二三十里耳。当宋元之世,泉州为世界第一大商埠。刺桐城之名,见之于《马哥孛罗游记》、《和德里游记》、《马黎诺里奉使东方录》、《拔都他游记》,俱言为世界第一商港。外国贾客蚁聚,番货荟集于此;由中国往外国,由外国来中国,莫不于泉州放洋登陆:马哥孛罗、马黎诺里回欧洲,自刺桐放洋;孟德高维权、鄂多力克及拔都他来中国,先抵刺桐港登陆,盖宋元时代之上海也;泉州南门外,晋江畔,即当时之黄浦江西外国租界也。西极之国,如摩洛哥、意大利等,皆有游客踪迹至泉州;其大食,波斯之贾胡,寄居于此者,当更不知其几千万矣。自北宋哲宗元祐时,即立市舶司于此,征收番货税捐:十分取一,粗者十五分取一,以市舶官主之。其发舶回帆,必着其既至之地,验其所易之物,给以公文,为之期日。元既领有中国,市舶制度,大抵皆因宋旧,而为之法焉。泉州之外,复有上海、澉浦、温州、广东、杭州、庆元(今宁波)市舶司,凡七所。船舶至岸,隐漏物货者多,故常就海中,逆而阅之。其详可参观宋、元史《食货志》"市舶"条。宋吴自牧《梦粱录》卷十二"江海船舰"条云:"若欲船泛外国买卖,则是泉州便可出洋。"《宋史·外国传》及赵汝适《诸蕃志》计海外诸国,距中国远近,皆以泉州为起点。元时西方游客之才通港(Zayton, Zatiun, Saiton)(即刺桐之转音)为泉州毫无疑问。然西国尚有多人疑为漳州者,有疑为今厦门港者,皆未熟中国史书,故有此无谓之争论也。《福建通志》卷五十九,《物产》"刺桐"条云:"泉郡绕城,皆植刺桐,号桐城,又曰温陵城。留从效重加板筑,植刺桐环绕之。其树高大,而枝叶蔚茂。初夏开花,极鲜红。如叶先萌芽,而花后发,主明年五谷丰熟,谓之瑞桐。"卷四十二《古迹》云:"刺桐城节度使留从效重加版筑,傍植刺桐,岁久繁密。其木高大,枝叶蔚茂;初夏时,开花鲜红。叶先萌芽而花后发,则年谷丰熟。"廉访丁谓至此,赋诗云:"闻得乡人说刺桐,叶先花后始年丰。我今到此忧民切,只爱青葱不爱红。"现今有无刺桐,吾忘访焉。《拔都他游记》载在刺桐所见之大商夏立甫-乌丁(Sherif-Uddin)及回教教师白儿罕-乌丁（Burham-Uddin）二人之名，皆得见之于吴鉴《清净寺碑记》。才通（Zayton）之为泉州，更如日月之明，尚复何疑哉。朱明中叶以后，所以衰败，必因晋江及海港日见淤浅故也。葡萄牙人抵中国后，海外商贾，皆集澳门。英人鸦片战后，商务又移香港。泉州遂日渐凋零，无人知其曾为古代世界第一大商埠也。试执泉州市人而问之，即彼亦不自知。今日尚能维持，不致如邯郸、洛阳之凄凉者，南洋华侨不忘故乡之力也。下高台，伍神父导余辈至院隅破屋内，观明代古棺七具，存贮未葬。墙上虽挂有留府郡王锦条，然招人承领，数年竟无人，必其子孙他徙矣。五代时，有留从效者，割据漳泉二府，臣服南唐。后封晋江王。此七棺之尸，岂即从效后裔欤？

学校参观既毕，神父代吾辈雇人车，出仁风门至灵山参观古回教先贤冢。出东门，折向南，有新修汽车道。人力车行此道者，亦须纳捐。由此道向东行，约二里，下车步行。向南，经农户数家。东望山坡，坟墓累累，先贤冢即在半山焉。乃摄衣披草，缓步而上。所过之墓，其有墓石者，读之皆回回人也。墓皆长圆形，不如汉人墓之圆形。此山昔时或专为回回人之葬地。先贤冢有二，向南并陈。冢上有亭，亭已坍塌。亭之东北西三面，皆有石廊绕之。廊下北面，有阿拉伯文刻石一块。万里特为拓下，备存厦门大学。其译义云：

> 此墓为昔日传教此方二先贤之墓。贤者当发克富在位时，即来此。有善行。至今尚为人称道。后卒葬于此山，人民怀其德而思之。墓有灵异。其有遭运不佳，或抱病不起者，皆来此祈祷二贤保祐，有求必应。每届冬季，常有多人，自远方

至此墓瞻礼行香，归家无不康健安全：俱叹行千里而不徒劳也。留居此地之回教公会，特集资修墓。尚祈上帝慨发鸿恩，俾此二墓，永远保存。俾此二贤骸骨，不致暴露风雨也。时回教纪元七百二十二年，勒墨藏月（第九月，即耶苏纪元一千三百二十三年，元英宗至治三年）也。

其旁有汉字刻石一块，同治时福建提督江长贵修墓时新树，其文如下：

我教之行于中国，由来旧矣。泉州滨大海，为中国最东南边地，距西域不下数十万里。则教之行于斯也，不亦难乎？同治庚午秋，长贵奉命提督福建陆路军务，莅伍泉州。下车后，询问地利，部下有以郡东郊有三贤四贤墓告者。初听之，而疑其误也；继思之而恐其讹也。公余策马出城，如所告而访之。二岗之上，果有两墓在焉。而不知其始于何代，及为何人。墓侧碑碣，苔蚀沙咶，字迹漫漶，多不可辨。惟我蜀公权篆时所撰有右亭，尚未磨灭。而亭久倾圮。碑仆卧尘沙中，不知几历年所矣。竟日爬刮，继以淋洗，始得约略扪读。证诸郡志，乃获其详。盖三贤四贤，于唐武德中入朝，传教泉州，卒而葬此者。厥后屡显灵异，郡人士咸崇奉之。明永乐太监郑和，出使西洋，道此蒙祐，曾立碑记。我朝康熙乾隆间，泉之官绅，迭继修治。马公重修，事在嘉庆二十三年，乃其最后者也，然于今已五十四寒暑矣。其间水旱兵燹，未尝无之。虽荆棘蒙蔓，不免就荒，而两墓巍然无恙。且适有来官是土之余，以踵马公于五十四年之后。噫！得毋两贤之灵，有以默相之乎！然则西域虽远,其教之能行于中国最东南边地也,更无论矣。于是捐廉,择吉鸠工重修。既竣事,志其崖略如此。惟冀后之来者,以时展缮,勿任其如马公及余相去之远,而未葺治,日复一日,渐就湮没也。是则我教之本,抑亦余所深祷者尔。是为记。同治十年,岁在辛未,季秋之月,下旬谷旦,钦命提督福建全省陆路军务执勇巴图鲁盐亭江长贵盥沐敬撰。

横陈地上,有小墓石一块。文云:

　　同治壬申年,七月初十日,故四川成都六品军功,马阿浑永春之墓。
　　盐亭卿愚弟江长贵顿首拜立。

东面廊下有康熙时修墓刻石。风雨侵蚀,字迹多不可辨,故未抄录。下次重游时,或将为拓出焉。西面廊下,有明初太监郑和来此行香之纪念刻石一块。文云:

　　钦差太监郑和前往西洋忽鲁护厮等国公干。永乐十五年五月十六日,于此行香。望圣灵庇祐,镇抚蒲和。　　日记立。

万里亦为拓出,备存厦门大学。案《明史》卷三百四《郑和传》不言和奉回教,而此刻石,记和来此行香祈祐,和或回教徒也。若他教之人,何必来此荒山,向异教之枯骨,乞保祐耶?郑和刻石之南首,有嘉庆时修墓碑记。其文云:

岁在著雍摄提格之孟陬,余奉命提督福建陆路军务来泉州,因知东关外,有爸爸墓焉。按府志记载唐武德中,来朝,有三贤四贤,传教泉州,卒葬于此。葬后此山夜光显发,人因而灵之,名斯墓曰灵山。明永乐钦差太监郑和前往西洋忽鲁谟斯,行香于此,蒙其庇祐,立碑记。我朝康熙年间,福建汀邵延等处总兵官陈有功,陆路提标、左协中军、游府陈美,乾隆癸卯辛未孝廉郭拔萃、夏必第等相继修葺,迄今日久坍塌。募捐俸金修葺,再建墓亭。悬扁于上,以照灵爽,用答神庥。竣工行其事,而为之记。署福建全省陆路提督军门漳州总镇西蜀马建纪勒石。

万里及艾锷风又为摄亭墓影,以留纪念。余按《闽书》卷七《方域志·灵山》云:"回回家言:默德那国有吗喊叭德圣人,生隋开皇元年。圣真显美,其国王聘之,御位二十年。降示经典,好善恶恶,奉天传教,日不晒曝,雨不温衣,入火不死,入水不溺,呼树而至,法回而行。门徒有大贤四人。唐武德中来朝,遂传教中国。一贤传教广州,二贤传教扬州,三贤四贤传教泉州,卒葬此山。二人自葬是山,夜光显发,人异而灵之,名曰圣墓,曰西方圣人之墓也。"(亦见《福建通志》卷四十二)任神父谓此古冢,或为聂思托里派基督教徒,后为回教徒新占有。武德时回教尚未大兴。回教与基督教皆为一神教,敬奉上帝,尤易混淆。并言稍前,西班牙神父阿奈资(Arnaig)在此墓旁,发见基督教徒墓石云。吾查隋、唐书《地理志》,隋开皇九年,置泉州,治闽县。大业元年(西元605),改曰闽州;三年(西元607),改建安郡。唐武德六年(西元623),复曰泉州。景云二年(西元711)曰闽州。开元十三年(西元725),改福州,皆即今之闽侯县也。唐武后圣历二年(西元699),析泉州置武荣州,治南安东北十五里;三年废。久视元年(西元700),复置武荣州,景云二年(西元708)改旧泉州为闽州,以此为泉州,属闽州都督府。开元六年(西元718)置晋江县为之治。此即今之泉州设置历史也。武后以前,今之泉州,毫无设置。其地当时必为小村落,或竟荒凉,亦未可知。武德距圣历尚有七十余年,外国传教师何必来此小村落传教。故《闽书》所载武德间三、四贤来泉传教之说,吾颇怀疑也。再查《高僧传》等书,唐时中国高僧往印度及印度高僧来中国无一人由泉州放洋,或由是登陆。盛唐之时,泉州虽已设置,而对外通商,尚未大兴。回教先贤,渡海来华,当不至泉。此二可疑也。《唐书》及《太平广记》,载长安、扬州(又名广陵亦曰江都)、广州、洪州(今南昌)等处波斯大食商胡等情颇多,而绝无一节,道及泉州者。此三可疑也。此二墓或为唐末宋初,泉州通商兴旺以后之墓也。是否为基督教徒之墓,吾不敢言矣。

  古墓前摄影既毕,乃驱车归。远望东门外石牌楼,如森林状,诚壮观也。神父嘱余等回车一往观之。既至,察之多半为节孝坊,亦有为官职学位者,十九皆清代工作,明代者偶有之,宋元之坊,不可见。诸坊皆横跨大道上。此道即以前之驿道,北至北京,南连广东。神父导余辈回天主教堂。午餐毕,本拟觅人导往南门外,访蒲寿庚后裔。奈因学校假期已满。不得不束装归厦门。艾锷风一人多留一日。吾与陈君万里辞别神父,至宽仁铺泉苑茶叶店,辞别张苇邻先生。张先生乃厦大附属模范小学校长张祖荫先生之叔也。万里于离厦时,携祖荫之介绍书,托招待。张先生昨晚曾至天主堂访余等,嘱多居一日。至今日又设盛筵以待余等。而余等坚辞别归,有负盛情矣。后乘人力车出南门,过晋江桥,至汽车站。四点时，乘车回安海。因有伍神父之介绍，乃寓于天主堂内。主教者为伍国珍先生，南安人。万里闻石井镇有郑成功后裔，欲往访之。任先生谓安海镇有郑时雨医士者，即石井郑氏之族人也，因同往访之。郑先生能普通语。问其先人之事，慷慨而谈，大有其先人豪爽之风。石井镇距安海二十余里，三点会人盘据之，非有特别介绍，不易往。石井镇郑氏人凡四五千，同族在台湾者尚众，合之有万人以上。前数年为修谱事，台湾郑氏尚遣人来石井调查。石井今有祠堂供成功。成功所用衣帽刀剑，至今保存。数年前，剑忽不见。后在厦门某日人处见之，方知已被族人某盗卖矣。成功之母，日本长崎人田川氏之墓，亦在石井。乡人颇多神异寓言。石井对岸白沙镇有成功军队新用铁炮，遗留海滩，陷没沙中。数年前，尝刨刮沙土视之，炮上镌有英国伦敦字样，可见是时成功与英国人已有关系矣。时雨先生又言安海某照像店有成功遗像。谈话毕，乃往该店托其多印数张购之。成功事迹，见于清代史书，妇孺皆能言之，兹不赘述。满清是时兵马强盛，雄视中原，明朝大势已去，而成功终身奉明正朔。擎天一柱，崎岖海上，恃其舟师，抗拒清兵，前后四十年，不可谓不雄矣。吾等生于二百余年之后，瞻仰前代英雄，钦拜之心，不禁油然而生焉。

攻灭郑氏之清水师提督施琅，亦泉州人。泉城内南门大街有施琅之石牌楼。镂刻施琅之官职。施琅墓在晋江县天花山（见《福建通志》卷四十二）。

次日即十月三号，晨买舟归厦。登船时，适潮涨，故船泊安海码头。

此次游泉，仅观其大概而已。其他古迹尚多，断非二三日即能了者。例如泉州城南十里，有灵源山。山南有乞雨山，再南有华表山,双峰角立如华表。有万石峰,玉泉,及云梯百级,诸石刻(现《福建通志》卷八《山川》)。何乔远《闽书》卷七《方域志》记华表山背之麓,有帅庵,元时之物也,祀摩尼佛。所有石峰,玉泉,云梯皆在庵后。该处若能往查访,于麾尼教之历史,或能有新发明焉。惟城外遍地土匪,即南门外回教古冢,泉人尚且畏往,况在四十余里之外乎。

(原载《地学杂志》第1期,1928年)

中世纪泉州状况

唐宋元三朝，与海外各国交通贸易甚盛。宋世沿海要港开埠通商者，有广州、泉州、温州、明州、澉浦、上海、密州等七埠。七埠之中以泉州为最盛。吾人居今代欲知宋元两代中外交通及海外贸易情形，则研究其时泉州之状况，或可藉以略知一二也。犹之今日上海，为吾国最大商港，华洋杂处，进出口货物价值及海关税收入，皆超过全国贸易之半数。研究上海通商状况，则其余各地皆可以类推矣。吾今之作，与研究古代交通史及贸易史者或不无一臂之助也。

泉州设置之历史。隋开皇九年（西元589），置泉州，治闽县，即今之福州。唐武后圣历二年（西元699）析泉州置武荣州，治南安东北十五里。三年废。久视元年（西元700），复置武荣州。景云二年，改旧泉州为闽州，以此为泉州，属闽州都督府。开元六年（西元718），置晋江县为之治。天宝元年（西元742），改为清源郡。乾元元年（西元758），复改泉州，此即泉州设置历史也。武后以前，其地历史全不可知。

泉州何时始与外国人通商。武后时，虽有泉州，而据《高僧传》中国僧往印度及印度僧来中国，无一经过泉州。《太平广记》及《唐书》记波斯、大食商胡甚详。长安、扬州、广州、洪州（今南昌）毕有商胡踪迹，而无一节道及泉州。可知即当盛唐之时，泉州仍未兴旺。何乔远《闽书》卷七,谓唐武德中(西元618至626),吗喊叭德(Mohammed)门徒三贤四贤二人传教泉州,实不可信。泉州之兴,大约始自晚唐。唐文宗太和八年(西元834)上谕:"南海蕃舶,本以募化而来。固在接以仁恩,使其感悦。如闻比年长吏多务征求,嗟怨之声达于殊俗。况朕方宝勤俭,岂爱遐琛,深虑远人未安,率税犹重,思有矜恤,以示绥怀。其岭南福建及扬州蕃客宜委节度观察使常加存问。除舶脚收市进奉外,任其来往流通,自为交易,不得重加率税。"(见《全唐文》卷七十五)于此谕旨中,吾人始得知福建有蕃客,及唐之朝廷保护外商之善政。福建海岸线甚长。唐时蕃客是否集于泉州,尚不可知。惟明陈懋仁之《泉南杂志》卷上云唐设泉州。……参军事四人,掌出使导赞。《新唐书·地理志·泉州下》特注往琉球等国所需时日。唐末似已成为商港,惟不若广州之盛耳。五代时,闽王王审知施政政策之一,为招来海中蛮夷商贾(见《五代史记》卷六八),由是蕃商大至。至北宋时,市乃繁昌。太平兴国初,京师置榷易局,乃诏诸蕃国香药宝货至广州、交趾、泉州、两浙非出于官库者,不得私相市易(见《宋会要》)。泉州与广州并列矣。哲宗元祐二年(西元1087),置市舶司于泉州(见《宋史》卷八六《食货志下》八《互市舶法》)。徽宗时,广东、福建、两浙三路各置提举市舶司。三方惟广州最盛(见朱彧《萍洲可谈》卷二)。南宋之初,国家财政困难,故奖励外国贸易;高宗绍兴七年(西1137)上谕曰:"市舶之利最厚。若措置合宜,所得动以百万计,岂不胜取之于民。朕所以留意于此,庶几可以宽民力尔。"(见《粤海关志》卷三引《宋会要》)绍兴十六年,市舶之利,颇助国用。宜循旧法以招徕远人,阜通货贿(见同上)。每岁十月内依例支破官钱三百贯文。排办筵宴,系市舶司提举官同守臣犒诸国蕃商客。

经此奖励,中外贸易顿然大盛。惟有一事为当时经济学家之大忧患者,即铜钱流入外境。法禁虽严,而商人输出如故。爪畦苏门答腊等地直至明初,尚皆使用中国铜钱(见《瀛涯胜览》)。今代西人在印度马八儿,东非洲桑西巴岛(Zanzibar)、索马利(Somali)海岸,尚得发掘宋代铜钱,其所通之远,商务之盛,可以知矣。

宋末元初泉州之大盛。宋高宗奖励对外贸易,故广州、泉州之商务大盛。孝宗乾道元年(西元1165),臣僚上奏,福建(泉州)、广南(广州)皆有市舶,物货浩瀚,置官提举实宜。惟两浙冗蠹可罢(见《宋史》卷一六七《职官志》七"提举常平茶马市舶等职")。待及南宋之末,泉州之繁昌,似又突过广州矣。吴自牧《梦粱录》卷十二,谓欲船泛外国买卖,则自泉州便可出洋。《宋史》及《元史》海外诸国传,计其距中国远近皆自泉州起始。史弼高兴征爪畦,自泉州出发不自广州。宋元之际,广州埠在中国已退至第二位矣。泉州为何突过广州,或因地介适中,不偏南不偏北故也。

泉州外国人之居留地。(蕃坊)宋元明初三朝时,外国人在泉州者皆居于泉州南门外晋江畔,近海舶寄泊处。赵汝适《诸蕃志》卷上"大食国"条云,有番商曰施那帏,大食人也。侨寓泉南,轻财乐施,有西土气习。作冢于城外之东南隅,以掩胡贾之遗骸。提舶林之寄记其实。又"天竺国"条云,雍熙间有僧罗护哪航海而至,自言天竺国人。蕃商以其胡僧,竞持金缯珍宝以施。僧一不有,买隙地建佛刹于泉之城南,今宝林院是也。又"南毗国"条云,时罗巴智力干父子其种类也,今居泉之城南。陈懋仁之《泉南杂志》亦专志南城之异事,而不注重北城,盖亦注意外国侨民事也。今府学街遗留之回教清净寺,亦在城之南部。

外国人记录之泉州。外国人最早记泉州者,似为唐末时阿拉伯人依库达宾特拔（Ibn Khurdadhbah）。库氏著有 The Book of Routes and Provinces 一书。书中有 Janfu 者似即泉府之译音，距广府（Khanfu）八日程，出产与广府相同。由此北行六日，至 Kantu 似即江都之译音。

　　第二外国人记泉州者即义大利人马哥孛罗（Marco Polo）。孛罗记泉州最详，谓为世界二最大商埠之一。印度各处船舶满载香料及珍货来刺桐。蛮子国各处商人，亦多来此转贩珍珠宝石，散之各地。有一船载胡椒往亚历山德港转往基督教诸国者，当有一百船或更多之数来刺桐港。大可汗在此城征收税捐甚多。各种货物以及珍珠宝石，皆征什一之税。商船运费甚昂。小件物百分之三十，胡椒百分之四十四，檀香木料及他种笨重物品百分之四十。运费及国税，几合商人所投资本之半。其余一半资本所获之利尚甚多，使商人仍乐于往外贩运也。刺桐城人生所需食物，应有尽有。风景优美，人民静安，好宴安鸩乐。上印度人多有来此求涂身者。刺桐城人言语奇特，蛮子国全境用一种语言文字。然各处土音不同。犹之基奴亚语、米兰语、佛罗伦斯语、那坡里语，虽各不同，然能互明了也。

　　第三外国人记泉州者，为波斯国人拉施特（Rashidedin），其所著《史记》中，仅略言刺桐为大商港而已。

　　第四外国人记泉州者为高僧鄂多力克（Friar Odoric）。鄂多力克谓刺桐城内有芳济阁会僧人及教堂二所。鄂在寺内安置以前在印度同行者之尸骸。此地物产丰茂，养生所需之物应有尽有，糖尤贱，不及一格罗忒之钱可购买三磅八两之糖。城市倍于波洛那（Bologna）。男女皆有礼，文秀谦让。城中寺庙甚多，居民皆拜偶像。鄂多力克尝参观一寺。有僧人三千，偶像一万一千座。有一小像其大即如圣克利斯督福。当其上供之时,余往观之。见所供诸物,皆极热气。热气薰腾像面,以为像已享食矣。其余皆留为僧人自食。此地为世界最佳地之一,养生之物无不齐备。

第五外国人记泉州者为意大利人安得鲁(Andrew of Perugia)。安得鲁元泰定帝时充驻泉州之主教。尝有一函致故乡友人,其函至今尚存。彼所记泉州之事可摘如下。滨大海,有大城,波斯语称之曰刺桐港(Zayton)。有亚美尼亚妇人某富于资财,在此城建教堂一所,雄壮华丽,为一方冠。总主教使为领袖教堂。建筑之外,该妇复捐巨资,作维持费。并以遗命规定后事……刺桐距汗八里有三星期路程。安得鲁在距城外四分之一迈耳地方,另建新教堂一所,亦颇华丽,泉州人受洗入教者颇多。安氏在泉时费用,皆由皇帝供给,每年约有一百金佛罗林(Florins)。安得鲁并言当时泉州有基奴亚(Genoa)商人。

第六外国人记泉州者为阿拉伯地理家阿伯尔肥达(Abulfeda)。阿氏所记如下。泉州(Shanju)当今又曰刺桐,为中国诸港之一。港口皆有税关。广府及泉州两地皆中国之班达儿(Bandars)也。……刺桐即泉州,为中国之商港。商人至该地者归云,该地为有名城邑,位于河口,河口延长十五迈耳。口之端有河,(晋江)自内地流来,有潮水可达城市。城市距海半日程。河为淡水。城墙为鞑靼人所毁,遗址尚在。人民饮河水兼用井水。

第七外国人记泉州者为马黎诺里(Marignolli),马氏由刺桐港放洋至印度,仅言为蛮子国大城之一而已。

第八为摩洛哥人依宾、拔都他(Ibn Batuta)。拔都他由西来至中国,登陆之埠,即刺桐港。氏记如下。刺桐港为世界上最大商港。彼尝在港中见有大船百余,小船不可胜数。乃天然良港,为大海伸入陆地所成。港头与大川相接,地极厄要。出产绸缎,较杭州、南京两地所产尤佳。城内每户必有花园及空地。居屋在中央。回教徒另居城之一隅,与他人隔绝。有海关稽查出入船只。凡船欲开行至外洋者,水上巡长及书记必登船,来查。船上所有人员,皆逐一簿记,方许放行。船归中国,巡长复来盘查。对证前记。若查有与簿记不符,或有失落者,则例需船长负责。船主须证明失者已死,或逃走,或因他故不在船中之理由。不然,则关吏捕之入狱。船上货物价值,亦须报明。各种手续完后,搭客方许登岸。至岸,关吏查验所有。若有不报关私藏之货,则关吏将一切货物船只,概行没收。回教商人至中国,可寓友人家中或客栈。入回教客栈时,所有钱财货物,交栈主保藏。客人用钱,亦由主人代付。诚实可恃,毫厘不欺。客人离栈,主人将钱货交出。若有损少,主人担任赔偿。客人欲纳妾者,主人可为代买。婢奴在中国价值甚廉。中国父母常鬻卖子女。惟彼辈不迫使儿女与买者同行。儿女志愿从行,亦不强留也。旅舍皆有兵驻守。夜间点名,次晨复点名。余间有人护送。

唐宋时外国人在中国享有若干治外法权。《唐律疏议》卷六云:"诸化外人同类自相犯者,各依本俗法。异类相犯者,以法律论。"朱彧《萍洲可谈》卷二:"蕃人有罪,诣广州鞫实,送蕃坊行遣。……徒以上罪,则广州决断。"《宋史》卷三四七《王涣之传》云:"涣之知福州。未至,复徙广州。蕃客杀奴,市舶使据旧比,止送其长杖笞。涣之不可,论如法。"《宋史》卷四百《汪大猷传》:汪大猷知泉州。故事蕃商与人争斗,非伤折罪,皆以牛赎。大猷曰:"安有中国用岛夷俗者?苟在吾境,当用吾法。"《宋史》卷三〇三《张昷之传》云:"昷之徙广南路转运使。夷人有犯罪,其酋长得自治而多惨酷。昷之请一以汉法从事。"《宋史》卷四九一《外国传》"日本国"条云："淳熙二年（西元1175），倭船火儿滕太明殴郑作死。诏械太明付其纲首，归治以其国之罪。"此所谓与外人治外法权也。

外国人与中国人杂婚。《唐会要》卷一百："贞观二年（西元628）六月十六日，敕诸蕃使人所娶得汉妇女为妾者，并不得将还蕃。"唐德宗时，吐蕃梗塞西域之通路，诸蕃客之使者，留于长安皆迎妻。《资治通鉴·唐纪》四十八，贞元三年（西元787）下云："胡客留长安久者，或四十余年，皆有妻子。"《旧唐书》卷一七七《卢钧传》云："先是土人与蛮獠杂居，婚娶相通。占田营第吏或挠之，相诱为乱。卢钧至，立法俾华蛮异处，婚娶不通，蛮人不得立田宅。"南宋初期庄绰之《鸡肋编》（《说郛》号二十七所收）云，广州波斯妇绕耳皆穿穴带环，有二十余枚者。北宋时朱彧之《萍洲可谈》卷二云："乐府有菩萨蛮不知何物。"在广中见呼蕃妇为菩萨蛮因识之。菩萨蛮即Bussurman之译音，而Bussuriman又由Mussulmann转变出来。元时之木速蛮（见《元史》）、木速鲁蛮（见《北使记》）等，皆其译音也。《五代史》记南汉世家刘鋹乃与宫婢波斯女等，淫戏后宫，不复出省事。《惜阴轩丛书》中之《清异录》，载刘鋹与波斯女之丑怪事甚详。《萍洲可谈》卷二云："元祐间广州蕃坊刘姓人娶宗女，官至左班殿直。刘死，宗女无子，其家争分财产。遣人挝登闻鼓，朝廷方悟宗女嫁夷部。因禁止三代须一代有官，乃得娶宗女。"《宋会要》高宗绍兴七年（西元1137）条："大商蒲亚里者，既至广州，有右武大夫曾讷，利其婚，以妹嫁之。亚里因留不归。"曾讷之名，亦见《学津讨原》中王明清之《挥麈后录》卷四，南宋时广州之豪富也。蕃汉通婚，元末摩洛哥国游客依宾、拔都他亦详述之。

外国人之教育。南宋初，蔡绦《铁围山丛谈》卷二（见《知不足斋丛书》)云:"大观政和之间,天下大治,四夷向风。广州泉南请建番学,高丽亦遣士就上庠,及其课养有成,于是天子召而廷试焉。上因策之以《洪范》之义,用武王访箕子故事。高丽盖箕子国也。"南宋龚明之《中吴纪闻》(见《学海类编》)卷三,记北宋神宗熙宁年间,程师孟知广州:"大修学校,日引诸生讲解,负笈而来者相踵,诸蕃子弟皆愿入学。"顾炎武《天下郡国利病书》卷一〇四,"海獠"条云:"多蒲及海姓。渐与华人结婚,或取科第。"《全唐文》卷七六七,有唐末时陈黯之《华心说》:"大中初年(西元847),大梁连帅范阳公宣武军节度使卢钧,得大食国人李彦升荐于阙下。天子诏春司礼部,考其才。二年以进士第名显,然常所宾与者不得拟。"北宋初期之钱易之《南部新书》丙(见《学津讨原》):"大中以来,礼部放榜,岁三二人,姓氏稀僻者,谓之色目人,亦谓曰榜花。"

宋末之蒲寿晟先亦在广州总诸蕃互市,至父开先徙于泉。寿晟以文学名中国,其诗集《心泉学诗稿》选入《四库全书》。寿晟之中国文学,必在泉州学成也。

外国人在泉州势力之盛大。宋时外国人在泉州者,究有若干,虽无确实记载,然以唐时广州之外国居留民数目推测之,宋时在泉州者当不在少数也。《唐书》记乾元元年(西元758)波斯与大食同寇广州,劫仓库焚庐舍,浮海而去(见《旧唐书》卷一九八)。其众可以横行于大都市,则其数目不在少数,亦可知矣。阿拉伯人阿布·赛德·哈散(Adu Said Hassan)记黄巢破广州时,回教徒、火教徒、犹太人及基督教徒被杀者,约有十万人以及十二万人之多(见*Reinaud Relations*)。宋时泉州之繁昌,过于广州,其人数可以推想矣。人数既多,其拔萃出类者,亦入仕中国。最著名者为宋末时蒲寿庚。《福建通志》卷二六六,载:"咸淳十年(西元1274),海贼寇泉州境。西域人提举市舶蒲寿晟、寿庚击退之。""有功累官福建安抚沿海都制置使。景炎元年（西元1276），授福建广东招抚使，总海船"（见何乔远《闽书》卷一五二）。《宋史》卷一六七《职官志》载："安抚使掌一路兵民之事，皆帅其属而听其狱讼，颁其禁令，定其赏罚，稽其钱谷甲械出纳之名籍，而行以法。若事难专决，则具可否具奏。即干机速边防及士卒抵罪者，听以便宜裁断。""沿海制置使……其职止肃清海道，节制水僚。"景炎帝舟至泉，蒲寿庚来请驻跸，张世杰不可。或劝世杰留寿庚，则凡海舶不令自随，世杰不从，纵之归。继而舟不足，乃掠其舟，并没其赀。寿庚乃怒（见《宋史·瀛国公本纪》）。"时泉州素多宗室。闻张少保（世杰）至，乃纠集万余人，欲出迎王师。寿庚置酒延宗室，欲与议城守事，酒中尽杀之。"（见《闽书》卷一五二及《心史》）又杀士大夫与淮兵之在泉者。景炎帝移潮州（见《宋史·瀛国公本纪》）。宋之宗室在泉者素多挟势为暴，前守不敢诘，至夺贾胡浮海巨舰。其人诉于州，于舶司者，三年不得直，占役禁兵以百数。复盗煮海之利，乱产盐法，为民病苦（见《朱文公集》卷八九《直秘阁赠朝议大夫范公神道碑》）。宗室与寿庚之恶感，盖有由矣。元兵既入泉州，焚掠一空。陈懋仁之《泉南杂志》卷下云，泉南号文章之薮，而载籍甚少，何也？何怍庵先生曰，蒲氏之变，泉郡概遭兵火，无复遗者（又见《福建通志》卷二七四《丛谈》）。寿庚既降元，元世祖升为闽广大都督，兵马招讨使，并参知政事，行江西省事（见《元史·世祖本纪》"至元十四年"条）。又授平章，开平海省于泉州。富贵冠一时（见《八闽通志》卷八六）。诸子若孙，多至显达。泉人避其薰炎者，数十余年，元亡乃已。明太祖既光复中国，禁泉州蒲寿庚孙胜夫之子孙，不得齿于士。盖治其先世导元倾宋之罪，故终夷之也（见《泉南杂志》)。蒲氏子孙,至今尚有居于泉城之南,惟已于明时改姓为吴矣。蒲姓之外,泉州外侨在元时有大权势者,为元末之赛甫丁(Seif-uddin)、阿迷里丁(Amir-eddin)及苫思丁(Shams-ud-din)等三人。三人皆波斯亦思巴奚(Ispahan)回教徒,在泉州有大势力。赛甫丁及阿迷里丁二人皆为泉州万户。至正十七年(西元1357)春三月,三人据城以叛。十九年三月,阿迷里丁兵陷兴化路,据之。寻夺回泉州。同年,赛甫丁入福州。二十一年,苫思丁杀兴化路同知陈从仁。同年,阿迷里丁又据兴化,陷仙游县。二十二年,泉州阿巫那杀阿迷里丁。阿巫那亦番人,主市舶。同年,夏五月,福建行省平章政事燕只不花会军攻赛甫丁败之。赛甫丁航海走。还据泉州。是年冬,回冠那兀纳据泉州叛,寻被执。官军至金吉,开门迎之。遂执那兀纳。阿巫那亦据泉不受命,并有兴化仙游。至正二十六年,阿巫那为陈有定所擒。

西方各种宗教之由泉州输入。泉州外国侨民若是之多,西方各种宗教如佛教、基督教、回回教皆已略言之矣。佛教最早最大之寺为开元寺,在西门内,创始于唐中宗垂拱年间,规模宏大。前院东西两塔为南宋时之建筑。元时高僧鄂多力克(Odoric)之《游记》尝记谓有僧三千人,佛像一万一千座。其大可知矣。基督教堂元末时有三座。地址何在,皆不可考。今府学街奏魁宫有石刻小神像,头项与胸皆有十字架,背又有翼,其为基督教徒遗物无疑。回回教之遗迹则有府学街之古代清净寺,及东门外灵山之古先贤冢。清净寺为北宋时建筑,亦规模宏大。可知古时回教徒在此方之富厚殷实。先贤冢前回回墓累累,皆昔时活动于此方之外侨骸骨也。有元时摩尼教(Manichaeism)遗址在泉城南门外四十余里之华表山。其处有万石峰、玉泉、石刻及云梯百级诸胜,尤为全国独一无二之遗迹，至明末万历时尚存。顾颉刚尝往访终日而不可得。摩尼教在宋元明三朝福建尤盛，所谓明教是也。唐会昌中，汰僧，明教在汰中。有呼禄法师者，来入福唐，授侣三山，游方泉郡，卒葬郡北北山下。宋真宗时闽士人林世长取其经以进，授守福州文学。

外国人之同化于中国。泉州在宋元之世，外国居留民如此之多，何以今代不多见耶？是皆于明时同化于中国人矣。明太祖种族之意见甚深，既得天下，以汉族为中坚，同化元代色目，故尝下令禁胡姓胡俗胡服。《明律集解》卷六，蒙古色目人婚姻之条，凡蒙古色目人听与中国人为婚姻，不许本类自相婚姻。违者杖八十，男女入官为奴。注云，元入主中国，其种类散处天下者难以遽绝，故凡蒙古及色目人听与中国之人相嫁娶为婚姻。……不许蒙古色目之本类自相嫁娶。如本类中违律自相嫁娶者，两家主婚杖八十。所嫁娶之男女，俱入官。男为奴，女为婢。……夫本类嫁娶有禁者，恐其种类日滋也。

（原载《史学年报》第 1 期，1929 年）

张星烺先生学术年表*

1888 年（清光绪十四年）

1月27日（光绪十三年十二月十五日），张星烺生于江苏省桃源县（后改名泗阳县）。父张相文（1866—1933），县学生员，以课读束脩自给。母樊氏。

1898 年（光绪二十四年）

张星烺读完《四书》，开始读《左传》《薛福成文集》等。每日习作日记，父皆详加批改。晚间则听父讲地理，一起阅地图。他后来回忆，"儿少时教育，本年所获最多。"

1899 年（光绪二十五年）

春，入上海南洋公学留学班（相当于民国时期的小学）学习。

1903 年（光绪二十九年）

因南洋公学闹学潮，退学。秋，考入天津北洋大学堂。

1906 年（光绪三十二年）

夏，被北洋大学堂选派赴美国留学，入哈佛大学化学系学习。

1909 年（宣统元年）

自美国哈佛大学化学系毕业。

同年，赴德国柏林大学攻读生理化学，师从著名生理化学家家

---

* 本年表由张昭军编撰。

埃米尔·阿布德霍尔登（Emil Abderhalden），从事多肽合成研究。张星烺成为中国最早攻读生理化学的留学生。

1910 年（宣统二年）

10 月 22 日，译作《地轴移动说》（美国人唐雷所撰）刊于《地学杂志》第 1 年第 8 号。

11 月 21 日，译作《地轴移动说》（续）刊于《地学杂志》第 1 年第 9 号。

12 月 21 日，《阿加息斯氏小传》刊于《地学杂志》第 1 年第 10 号。

在德国学习期间，开始关注《马可波罗游记》。

1911 年（宣统三年）

4 月 18 日，《夏期欧洲旅行记》（庚戌岁）刊于《地学杂志》第 2 年第 13 期。

5 月 18 日，《夏期欧洲旅行记》（续）刊于《地学杂志》第 2 年第 14 期。

6 月 16 日，《夏期欧洲旅行记》（续）刊于《地学杂志》第 2 年第 15 期。

1912 年

中华民国建立，值攻读博士学位期间，抱着科学救国的理想，毅然决定辍学归国。

1 月 20 日，《德国旅行记》刊于《地学杂志》第 3 年第 1 期。

8 月，回到中国，就职于湖北汉阳兵工厂。

12 月，与王舟瑶次女王端淑成婚。王舟瑶（1858—1925），字玫伯，浙江黄岩人。清末民初著名学者，曾任京师大学堂经史教习，创办黄岩公学。

1913 年

任江苏省公署实业司技正。

9月,《徐州实业调查记》刊于《地学杂志》第4年第9期。

10月,《徐州实业调查记》(续)刊于《地学杂志》第4年第10期。

1917 年

受聘北京大学预科教员,兼国史编纂处特别纂辑员。为方便就医治病,被派往日本调查民国史料。在日本期间,收集了许多中西交通史方面的资料。

1918 年

在日本调查民国史料。

《张星烺先生致夏学长书》刊于《北京大学日刊》第108期。

1919 年

北京大学附设国史编纂处被国务院收回,以致失业。

离开北京,赴浙江黄岩岳父王舟瑶家养病,利用王家丰富藏书,坚持查阅和整理中西交通史料。

1922 年

病愈,出任长沙湖南工业学校化学系主任。不久,赴青岛四方机车厂,长期担任化验室主任。他白天以化学为业,晚间从事中西交通史料的整理和研究。《中西交通史料汇编》《〈马哥孛罗游记〉导言》都是1922—1926年间在青岛利用业余时间完成的。其间多次向陈垣请教,书信十七通,收入《陈垣往来书信集》。

9月,译注《〈马哥孛罗游记〉导言》,发表于《地学杂志》第13年第8、9合期。这个译本是根据英国学者亨利·玉尔(Henry Yule)译注本转译的。此后,《〈马哥孛罗游记〉导言》后继部分陆续刊于《地学杂志》。

1923 年

《梁任公〈中国历史研究法〉纠谬》分别刊于《地学杂志》第 14 年 1、2 合期、《史地学报》第 2 卷第 3 期。

《〈马哥孛罗游记〉导言》连载于《地学杂志》第 14 年第 1、2 合期、第 3、4 合期,第 5、6 合期。

1924 年

《答束世澂君中国史书上之马哥孛罗质疑》,刊于《地学杂志》第 15 年第 3 期。

《〈马哥孛罗游记〉导言》刊于《地学杂志》第 15 年秋期。

译注《〈马哥孛罗游记〉导言》出版,作为北京"受书堂丛书"第一种,由中华印刷局印刷、中国地学会发行。他在玉尔对游记的考订基础上又作了许多增补,如马可波罗在华事迹、元代西北三藩源流等,具有重要的学术价值。

1926 年

5 月,《中西交通征信录》(后改名《中西交通史料汇编》)脱稿。

6 月,携子女离开青岛,到北京与父张相文团聚。

8 月底,应厦门大学校长林文庆聘请,赴厦大国学研究院任教。

10 月底,接替沈兼士代理国学研究院主任,后又接任国学系主任,主持国学院和国文系的工作。

10 月末 11 月初,与陈万里等人到古城泉州进行考古和民俗调查,考察清净寺、开元寺、伊斯兰圣墓等古迹,探访宋末市舶司提举阿拉伯人蒲寿庚的后代,发现了郑和遣使西洋途经泉州的多处遗迹、阿拉伯文石刻、奏魁宫内十字架古石碑。

是年在厦大开设了"中外文化交通史"和"中外地理沿革"等

课程。

与陈万里合作的泉州调查报告《张、陈两先生调查泉州古迹及关于中外交通史料之报告》,刊于《厦大周刊》第165期。

1927年

1月,辞去厦门大学国学研究院主任一职。

当时国学研究院主办有季刊和周刊。《中国史书上关于马黎诺里使节之记载》和《泉州访古记》收入《国学研究院季刊》第1期(编成但未付印)。《太王父嫁女葱岭考》刊于《国学研究院周刊》第3期。

是年,北京辅仁大学开办,陈垣任校长,张相文为董事会成员。8月,张星烺应聘赴京,担任该校历史系教授兼系主任。他开设新课程"中西交通史",同时在北京大学、清华大学、北京师范大学、燕京大学等校授课。在各校还讲授过"秦以前史""宋辽金元史""南洋史地""西北史地""四裔传研究""欧化东渐史"等课程,编印有讲义数种。从是年起,定居北京。

1928年

10月28日,参加中国地学会"复活纪念会"。1925—1927年,中国地学会因经费支绌,活动停顿。经翁文灏、陈垣、张星烺多方努力,活动才得以恢复。秋,中国地学会得到中华文化教育基金会资助。

在《南洋研究》发表系列论文。《近三百年斐律宾华侨状况》刊于《南洋研究》第1卷第2期。《三百年前斐律宾群岛与中国》刊于《南洋研究》第1卷第3期,又《国闻周报》第5卷第22期。《三百年前之斐律宾群岛》刊于《南洋研究》第1卷第4期,又《国立大学联合会月刊》第1卷第4期。《西班牙人在菲律宾商业文化及其宗教上之关系》刊于《南洋研究》第1卷第6期。

《宋初华僧往印求经的经过》刊于《清华周刊》第30卷第7期。

《古代西域的祆教：祆教的创始及其输入中国》刊于《清华周刊》第30卷第8期。

《美国统治下之斐律宾》刊于《清华周刊》第30卷第8期。

《唐时非洲"黑奴"输入中国考》刊于《辅仁学志》第1卷第1期。

《泉州访古记》刊于《地学杂志》第16年第1期，又《史学与地学》第4期。

《俄国第一次通使中国记》刊于《地学杂志》第16年第2期。

《中国史书上关于马黎诺里使节之记载》刊于《燕京学报》第3期，又《史学与地学》第3期。

是年，在北京师范大学兼授高等有机化学。

1929年

《中世纪泉州状况》刊于《史学年报》第1期。

9月，《中国人种中印度日耳曼种分子》刊于《辅仁学志》第1卷第2期。

译注《马哥孛罗游记》（亨利·玉尔译注本）第1册，由北美印刷局印刷、燕京大学图书馆发行。

1930年

1月19日，参加中国地学会在北平后海北河沿会所的会议，议决与北平研究院合作办法。张相文辞去会长职务，改由张继担任。

所编注《中西交通史料汇编》作为"辅仁大学丛书"第一种由辅仁大学图书馆出版发行。此后多次再版，计有台湾世界书局版1962、1983年版，香港朱杰勤校订1981年版，北京中华书局1977、1983、2000、2003年版等。

《罗布淖尔及最先发见喜马拉雅山最高峰问题》（斯文赫丁博

士讲,张星烺教授口译,聂崇岐笔记)刊于《地学杂志》第18年第2期。

《法国地学家沙海昂列传》刊于《地学杂志》第18年第3期。

《答冯承钧评中西交通史料汇篇》刊于《地学杂志》第18年第4期。是年,《地学杂志》在第2期和第4期曾分别刊发了大昭的《读中西交通史料汇篇》、冯承钧的《评中西交通史料汇编》。

12月,《菲律宾史上"李马奔"(Limahong)之真人考》刊于《燕京学报》第8期。

1931年

4月,《马哥孛罗》收入王云五主编"万有文库",由上海商务印书馆出版。1934年5月,又出新版。

1933年

1月16日,父张相文去世。

所撰《张相文先生哀启》分别刊于南京《国风》第2卷第3期、《地理杂志》第6卷第3期。

所编《泗阳张沌谷居士年谱》刊于《地学杂志》(张慰西先生纪念号)第21年第2期。

12月,《欧化东渐史》收入王云五主编"万有文库",由商务印书馆出版。次年1月,《欧化东渐史》收入吴稚晖、蔡元培、王云五主编"新时代史地丛书",由商务印书馆出新版。此后,有商务印书馆1947、2000年版,岳麓书社2013年版,台北地平线出版社1974年版等版本。

1934年

《马哥孛罗所见之元代建筑》刊于《商务印书馆出版周刊》第109期。

9月,中国地理学会在南京成立,主办《地理杂志》。张星烺名列40个普通会员兼发起人之一。

1935年

《华裔学志》创刊,与陈垣、沈兼士、英千里等人一起担任中国方面的副主编。

《横沙小志》刊于《地学杂志》第22年第2期。

所编《泗阳张沌谷居士年谱》刊于《禹贡》第2卷第12期。同年,此《年谱》铅印单行本刊行。

张相文在世时自编有文集《南园丛稿》第1辑4册,张星烺为其续编第2辑11册,前后凡24卷,由北京中华书局铅印发行。

1936年

1月,张星烺译述兼评《大月氏民族最近之研究》(那威国斯敦柯诺甫著),刊于《禹贡》半月刊第5卷第1期。

6月,《德文译本阿梨·爱克伯尔〈中国志〉(Khitay name)之介绍》刊于《地学杂志》第24年第2期。

7月,张星烺译述兼评《大月氏民族最近之研究》(续前),刊于《禹贡》半月刊第5卷第8、9合期。

8月,译作《马哥孛罗游记》(贝内戴托编译,普及本)列入商务印书馆"万有文库"出版。

冬,连续参加中国地学会会议。11月10日,中国地学会召开民国廿五年在平会员大会,张星烺担任会议主席,对地学会组织进行了调整,由张继连任会长,推举蔡元培等为董事,张星烺等15人任理事,黄国璋任总干事。11月29日,参加中国地学会第一次理事会议,担任会议主席。12月4日,出席第一次干事、会计联席会议。

是年,禹贡学会在燕京大学成立,张星烺被推为候补理事。

1938 年

《关于泉州波斯人驻军的一次叛乱(公元 1357—1366)》(英文)刊于《华裔学志》第 3 期。

1939 年

译文《葡萄牙人初抵中国》(柴赫林著),刊于《研究与进步》第 1 期。

1940 年

译文《尼布楚订约研究提要》(据福克司(Walter Fuchs)未经发表原稿)刊于《中德学志》第 2 卷第 1 期。

译文《一六三零年至一六四零年(崇祯三年至十三年)间满洲境内淡巴菇烟草之早期高丽史料》(福克司著)刊于《中德学志》第 2 卷第 3 期。

1941 年

译文《国家及地境之形成》(哈兴额著)刊于《中德学志》第 3 卷第 1 期。

在辅仁大学历史学会演讲《历史的辅助科学》(张雅琴、刘淑英记),刊于《辅仁生活》第 16 期。

4 月,张星烺著《西洋文化の支那への影響》(实藤惠秀译),由日本青年外交协会出版部出版。

1943 年

《六书古义》刊于《学术杂志》第 1 卷第 1 期。

译著《历史之地理基础》(哈兴额著)收入"中德文化丛书",由商务印书馆出版。

1944 年

《道家仙境之演变及其所受地理之影响》刊于《中国学报》第 1

卷第 3 期。

《道家仙境之演变及其所受地理之影响》（二）刊于《中国学报》第 1 卷第 4 期。

1945 年

参与禹贡学会复员活动。

《中国历代战争与气候之关系》（上、中、下、四）分别刊于《中国学报》第 3 卷第 1、2、3、4 期。

1946 年

是年，北京师范大学地理系主任黄国璋教授随同北师大复员返京。张星烺、黄国璋二人决定组织恢复中国地学会因抗战而中止的活动。经会议讨论，公推张星烺为中国地学会理事长，黄国璋为副理事长兼总干事。

1947 年

6 月，《唐代西域碎叶城及西辽都城今地考》在《华北日报》连载。

1948 年

《气候变化对于历史演进的重要》刊于《广播周报》第 114 期。

1949 年

秋，三次中风，退休居家，补充旧作《中西交通史料汇编》。

1950 年

夏，中国地学会和中国地理学会合并成立新的中国地理学会。张星烺辞去中国地学会理事长一职。后又辞去辅仁大学历史系主任等职。

1951 年

7 月 13 日，病逝于北京，享年 63 岁。

博观约取,厚积薄发
——一部中西交通史研究的拓荒之作

张昭军

《欧化东渐史》是张星烺先生的代表作之一,1933年12月被列入"新时代史地丛书",由商务印书馆出版。此次新版,辑入了他的著作《马哥孛罗》和文章《三百年前菲律宾群岛与中国》、《泉州访古记》和《中世纪泉州状况》。

一

张星烺(1888—1951),字亮尘,江苏省桃源县人,著名的中西交通史专家。他的父亲张相文是中国现代地理学的先驱,中国首批地理教科书的编纂者和中国地学会的创建者,曾长期担任中国地学会会长和《地学杂志》主编。父亲为张星烺创造了良好的教育条件。1899年春,张星烺进入上海南洋公学留学班(相当于民国时期的小学)学习。四年后,考入天津北洋大学堂。1906年,被袁世凯选派赴美留学。1909年,在美国哈佛大学化学系顺利毕业,转赴德国柏林大学攻读生理化学。张星烺是中国最早攻读生理化学的留学生,他在德国师从著名生理化学家埃米尔·阿布德霍尔登

(Emil Abderhalden),从事多肽合成研究。出人意料,这位生化专业的留学生,后来却成了鼎鼎大名的历史学家,中国中西交通史的奠基人物。

他一生与史学结伴,经历了三个不同寻常的阶段。清末海外留学期间,他以化学为课业,以史地之学为爱好,是为第一阶段。民国元年归国后,他以化学为职业,以史学为副业,是为第二阶段。1926年后赴厦大、辅仁执教,他放弃化学,改以史学为专业,是为第三阶段。

张星烺转走治史之路,既是外在社会环境和自身健康状况不佳下迫不得已的选择,又与家学有直接渊源。受父亲影响,他自幼对史地学抱有浓厚兴趣。留学美、德时,张星烺利用业余时间撰写了多篇文章,介绍国外史地学说。如在《地学杂志》发表的《地轴移动说》(译)、《阿加息斯氏小传》、《夏期欧洲旅行记》、《德国旅行记》等。同时,张星烺的留学经历和科学训练,以及熟稔的英语和德语,客观上为后来从事中西交通史研究准备了有利条件。

民国肇建,改变了张星烺的人生轨迹。他抱着"科学救国"的梦想,毅然放弃在德国优越的学习和科研条件,倾其全部积蓄购买了科学书籍和实验用品,返回祖国。1912年8月,他就职于湖北汉阳兵工厂。次年,转任江苏省公署实业司技正。其间,不幸患上了严重的肺结核病。当时医疗水平很低,这对于化学工作者来说是极其沉重的打击。

1917年,蔡元培长北京大学,给予张星烺以特别关照。张星烺被聘为北京大学预科教员,兼国史编纂处特别纂辑员。为方便就医治病,他被派往日本调查民国史料。在东京帝国图书馆,他注意到外国学者对中西交通史深有研究,而国人却所知甚少。这激发了他的爱国热情和学术使命感。"本国问题且待他人为之解决,则本国固有之物,安足以抵制舶来品欤?""中国史地,西洋人且来代吾清理,吾则安得不学他人,而急欲知彼对我研究之结果何如乎?"①他在日本搜集了大量有关中西交通史的外文资料,从此走上了系统研究中西交通史的道路。

回国后,因北京大学附设国史编纂处被国务院收回,张星烺失去了工作。他只好赴浙江黄岩岳父王舟瑶家养病。王舟瑶系清末民初著名学者,曾任京师大学堂经史教习,后创办黄岩公学,家藏古籍万余卷。张星烺在此休养三年,充分利用岳家藏书,整理、辑录和补充了中西交通史料中的中文部分。

病愈后,他先后在长沙湖南工业学校、青岛四方机车厂从事科技工作。他白天以化学为职业,晚间继续从事中西交通史料的整理和研究。他最重要的成果《中西交通史料汇编》和译作《〈马哥孛罗游记〉导言》都是1922—1926年间在青岛利用业余时间完成的。后来他回忆当时的情形说:"为家庭盐米之故,南北奔波,挟稿以随。稍有余暇,捉笔书之。盛暑挥汗,严冬呵冻,未尝辍笔。凄风苦雨,孤灯寒月,费尽心力,始得毕业。书或容有疏漏,而十余年之心力,瘁于此矣。"②从中不难想见他的不易。

他的史学研究虽是业余工作,但幸运的是,得到了陈垣、鲍润生(F. X. Biallas)等中外学者的指导和襄助。陈垣当时已经以外来宗教史和元史研究的卓越成就蜚声海内。他的《元也里可温考》《开封一赐乐业教考》《火祆教入中国考》《摩尼教入中国考》等,开

---

① 张星烺:《中西交通史料汇编》自序,中华书局2003年版,第7页。
② 张星烺:《中西交通史料汇编》自序,第9—10页。

拓了从宗教史探讨中西交通史的新领域。《陈垣往来书信集》收录的张星烺书信十七通，多数是张向陈请求学术上的支持。其中，他在1925年8月28日写给陈垣的信中，明确表示愿到即将成立的辅仁大学任教，请陈垣予以介绍。陈垣堪称张星烺学术事业的贵人。

1926年9月，张星烺应厦门大学校长林文庆聘请，到该校国学研究院工作。从此，他告别化学行业，转变为一名职业史家，专心致力于中西交通史的研究和教学。

在厦大，他一度代理国学研究院主任和国文系主任职务，筹划组织了系列学术活动。他与陈万里等人到古城泉州等地进行实地调查，撰写了《泉州访古记》《中世纪泉州状况》以及《中国史书上关于马黎诺里使节之记载》等多篇在中西交通史领域有重要影响的论文。他还开设了"中外文化交通史"和"中外地理沿革"（一说"南洋史地"和"华侨史"）等课程。

1927年，辅仁大学在北京开办，张星烺应邀赴该校担任历史系教授兼系主任。从这一年起，他定居北京，一直在辅仁大学任教。在辅仁，他开设了新课程"中西交通史"，前后长达20年，培养了大批史学专业人才。同时，他在北京大学、清华大学、北京师范大学、燕京大学等校兼课。

1930年，张星烺一生最具代表性的成果《中西交通史料汇编》（6册）作为"辅仁大学丛书"第一种，由辅仁大学图书馆正式出版发行。此书开拓了中国史学的新方向，奠定了中国中西交通史学科的基础。交通史家张维华指出，"中西交通史"学科正式名称确立，及建立中西交通史的体系，该书的问世是重要标志。继此之后，他相继出版了《马哥孛罗》和《欧化东渐史》，再加上译作《〈马哥孛罗游记〉导言》及第1册、《张译马哥孛罗游记》、《历史之地理基础》,以及在《辅仁学志》《地学杂志》《燕京学报》《清华周刊》《南洋研究》《华裔学志》《中德学志》《中国学报》等重要学刊发表的系列论文,共同确立了他在史学界的地位。职是,他被学界尊誉为"治中西交通史之开山者""民国以来专业中西交通史研究的第一人"。

二

《欧化东渐史》自问世后,多次再版、重印,表现出了长久的学术生命力和影响力,史学价值经受住了历史的检验。个中原因之一,即在于作者的博观约取,厚积薄发。张星烺写作该书时,已在中西交通史领域深耕多年,著述丰赡。完全可以说,没有《中西交通史料汇编》这样的宏篇巨制做根柢,就不会有《欧化东渐史》这样简约耐读的"小书"。

前已提到,《中西交通史料汇编》是张星烺学术生涯中最重要的著作。全书凡6册,120万字,以中国为轴心,由远及近,分八个专题,探讨古代中国与欧洲、非洲、阿拉伯、亚美尼亚、伊兰(伊朗)、中亚、印度之交通,研究对象已大大超越一般意义上的中国与西方,或国与国之间的关系,实际上是大半个"全球史"。该书所辑史料"上起遂古,下迄明季,凡朝廷通聘,商贾游客,僧侣教士之记载,东鳞西爪,可以互证者,无不爬罗剔抉"[①],参考中文文献274种,外文文献42种,涉及英、德、法、日等多种外国语言。正如著名史家

---

① 张星烺:《中西交通史料汇编》自序,第8页。

朱希祖所指出,"凡此皆非专攻中史之旧学者,或专攻西史之新学者所能几及。此非余一人之谀言,国内外史学家,皆当为之心服者也。"①中西交通史包罗广泛,无论中文、外文史料,均浩如烟海,即便今日仍令人望洋生畏,何况在中西交通史的拓荒期,没有醒目的航标,全凭一己之力摸索。故非有愚公移山的决心,坚韧不拔的毅力,难以完成。张星烺形容这一过程,"犹之泅海底而探珍珠。往往搜查丛书一部,耗费光阴数月,而所得仅一二条可以适用,甚至无一条可用者,亦有之也。"②可见,在《欧化东渐史》之前他在史料上下了很大的功夫。而且,在爬梳史料的过程中,他运用科学方法,对欧化东渐史中的许多问题已有深入思考和研究。例如,他钩稽、提录和考辨出的中西陆海交通路线就有:意大利人马黎诺里入华行程、安德鲁归国路线、鄂多立克东游纪程,以及元代欧洲人入华和返欧的两条路线等。径言之,《中西交通史料汇编》在客观上已为《欧化东渐史》的写作做了大量基础性工作。

在专门领域,张星烺尤长于《马可波罗游记》和菲律宾研究。《马可波罗游记》在中西交通史上拥有引人瞩目的地位。他是较早将《马可波罗游记》及西方相关研究成果系统翻译和介绍到中国的学者。早在德国留学期间,他就立志把法国人考迪(Henri Cordier)修订、英国人亨利·玉尔(Henry Yule)译注的《马可波罗游记》三大册译为中文。1924年、1929年,他先后译注出版了《〈马哥孛罗游记〉导言》及第1册。1931年,他又著成《马哥孛罗》一书。该书是中国第一部专门研究马可波罗的专著,被收入商务印书馆"万有

---

① 朱希祖:《中西交通史料汇编》序,第2页。
② 张星烺:《中西交通史料汇编》自序,第9页。

文库""百科小丛书",曾多次再版。后来,他还翻译出版了《马哥孛罗游记》(贝内戴托编译)普及本。在编译校注《马可波罗游记》过程中,张星烺详细查阅校勘相关中外文史料,做了许多考辨增补工作。编译校注《马可波罗游记》既是张星烺从西文进入中西交通史的门径,也为他编纂《中西交通史料汇编》和研究欧化东渐史提供了历史线索和核心资料。

南洋是中西海上交通必经之地,也是欧化东渐史研究不可或缺的一环。在现代史家中,张星烺较早开展南洋史地教学和研究。他在厦门大学任教时,开始讲授"南洋史地"课程,后又长期在辅仁、北大、清华等校开设该课,并编印了完整的讲义,发表了系列重要学术成果。"南洋"是一个笼统的说法,张星烺研究的重点,在马来半岛,东印度诸岛,以及北婆罗洲和菲律宾群岛。他认为,"此三处皆有甚长期之历史,在甚早时期即与中国有交通,在今日为华侨繁殖之地。"①其中,他又以菲律宾研究成就卓著。仅1928年,他在《南洋研究》《清华周刊》就发表了《近三百年斐律宾华侨状况》《三百年前斐律宾群岛与中国》《三百年前之斐律宾群岛》《西班牙人在菲律宾商业文化及其宗教上之关系》《美国统治下之斐律宾》等多篇具有开创性的文章。《欧化东渐史》有关章节对南洋地位的重视和分析,正是建立在这些先行研究之上。

在《欧化东渐史》问世之前,他还发表了《唐时非洲"黑奴"输入中国考》《宋初华僧往印求经的经过》《中国史书上关于马黎诺里使节之记载》《俄国第一次通使中国记》《泉州访古记》《里海之各种名称考》《景教碑之研究》《拂菻原音考》《"支那"名号考》《昆

---

① 张星烺:《南洋史地》,辅仁大学讲义,大北印书局代印,第1页。

仑与昆仑奴》《唐代西域人组成之军队考》等数十篇富有影响的学术论文。

这些成果共同为《欧化东渐史》的完成,奠定了根柢,创造了条件。根柢深则枝叶茂,以上内容有助于深化我们对《欧化东渐史》的理解。

三

《欧化东渐史》一书初版于1933年。此时,中国知识界历经多次中西文化的论战与交锋,对欧洲文化已不再陌生。关于欧化东渐的历史,他们在论战中曾有所梳理和总结,但均乏系统性。张星烺《欧化东渐史》以专书形式,集中探讨近世欧洲文化东渐的历史,这在中国现代学术史上是第一次。

顾名思义,《欧化东渐史》就是阐述欧洲文化东渐的历史。所谓"欧化",并不是一个科学严谨的概念。20世纪初,该词由日本传入中国。1902年,《译书汇编》介绍日本的"国粹"与"欧化"之争时提到:"日本有二派,一为国粹主义。国粹主义谓保存已国固有之精神,不肯与他国强同;……一为欧化主义,欧化云者,谓文明创自欧洲,欲已国进于文明,必先去其国界,纯然以欧洲为师。"[①]"欧化东渐"的说法,与"欧化"相伴而生。1904年,《东方杂志》"社说"栏目有:"欧化东渐一语,日本妇孺皆习为口头禅。而叩诸中国

---

① 佚名:《日本国粹主义与欧化主义之消长》,《译书汇编》第2年第5期,1902年7月25日。

人,虽大夫亦多懵然。"①因语境不同,"欧化"一词的含义或有差异。张星烺《欧化东渐史》明确提出:"但凡欧洲人所创造,直接或间接传来,使中国人学之,除旧布新,在将来历史上留有纪念痕迹者,皆谓之欧化。"此处,"欧化"可视为"欧洲文化"和"欧洲化"的合称。

《欧化东渐史》开篇阐明了他对"欧化东渐"的看法。他认为,中西文化之高下,诚不易言,但近世以来,欧洲文化敷布东土,东方固有文化,日趋式微,而代以欧洲文化,"则是西方文化,高于东方文化也"。他沿袭清末梁启超等人的提法,把文明分为有形之文明与无形之文明。他强调,"尤以有形之文明,中国与欧洲相去,何啻千里。不效法他人,必致亡国灭种。"然对于无形之文明,他则持保守态度。"至若无形之思想文明,则以东西民族性不同,各国历史互异之故,行之西洋则有效,而行之中国则大乱。"这种类于"中体西用"式的文化观,在当时并非个别现象。一年后,1935年1月,王新命、何炳松等十教授发表了著名的《中国本位的文化建设宣言》,旨趣多有相通。

《欧化东渐史》凡三章,正文篇幅不长,不足7万字,却有其独具的特色和价值。

其一,前后贯通。在时段上,该书起自明代中叶,延续至作者生活的时代。作者认为明代以后,西方文化方对中国产生实质性影响,"有形贸易与无形贸易,滔滔不可复止";而在此以前,中国文化不输于西方,"东来者人数究亦不足诱起欧化,更无高深学者,足以引起中国人之敬仰心",与当代之欧化无关。换言之,他要书写的欧化东渐史,是立足现实,回溯和总结中国文化落后于西方文化

---

① 《论中国与日本欧化速率之比例》,《东方杂志》第10期,1904年10月。

的历史。书中尽管强调鸦片战争前后,欧化东渐存在阶段性差异,但要看到,他是把欧化东渐的历史作为一个连续过程来阐述的。这就与其他同类著作区分了开来。

30年代初,向达著有《中西交通史》(1930年)和《中外交通小史》(1933年),前者以时为序,概述的是鸦片战争以前中国与欧洲诸国交涉的大事件,后者分专题勾勒中外交通的轮廓,止于乾隆时期。方豪的《中西交通史》结撰于1950年代,这部集大成之作,同样以鸦片战争时期为下限。最近几十年,中西交通史研究已取得长足进展,但囿于学科划分或作者的知识结构等因素,贯通鸦片战争前后的著作仍不多见。就此而言,张星烺《欧化东渐史》虽是简本,但对于完整地认识和把握西学东渐的历史大势,仍是不可或缺的参考书。

其二,分科设学。在体例上,该书吸收了"整理国故"运动的成果,采取纵断分科的论述方式。20年代初,胡适等人发起"整理国故"运动,主张运用西方的科学方法来研究历史。胡适《〈国学季刊〉发刊宣言》和梁启超《中国历史研究法》等代表性著作,具体提出和擘画了研究文化历史的方法,即按照现代学术分科,纵剖为系列专门史和专题史。该书可谓是这种新史学理念的实践。作者把笼统而又错综复杂的"欧化",先是分为"有形欧化部"与"无形欧化部",每部分为五节,节下又分出细目。如此,纲举目张,层层展开,清楚醒目。[①]

[①] 此列表参考修彩波《近代学人与中西交通史研究》,光明日报出版社2010年版,第116页。

博观约取，厚积薄发——一部中西交通史研究的拓荒之作

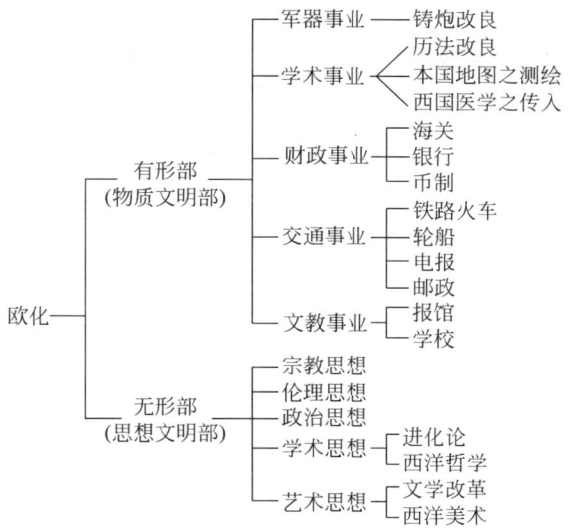

1936年，商务印书馆出版的大型"中国文化史丛书"，承续了这种分科编纂的方式。与以时为序、按年代编次的方法相比，这种体例与现代科学分类相结合，有利于较好地呈现出"欧化"的骨干和脉络。

其三，媒介分析。此书最大的特色，是对于欧化东渐之媒介的重视。有专家以为，"中西交通史"之名不如"中西关系史"妥帖，甚至主张以后者取代前者。引人思考的是，当下许多中外关系史类的论著，往往简省或摈弃了中间环节，径直探讨中与外之间的关系，从而严重弱化了"交通史"所蕴含的空间距离问题及其渐进过程。要知道，很长一段时间里，交通和通讯工具都是相当落后的。张星烺《欧化东渐史》以近半篇幅来阐述欧化东渐之媒介物，可视作对"交通史"独特内涵的具体阐释。

该书将欧化东渐之媒介物分为三种：（一）由欧洲商贾、游客、

专使及军队之东来。(二)由宗教家之东来。(三)由中国留学生之传来。这三种媒介无疑是欧化东渐之最要者,如今学界已有专门性研究成果。张星烺《欧化东渐史》的特异之处在于,他不是将这三者作为直叙的对象,而是努力揭示东渐过程的多样性和复杂性。

例如,该书论述欧洲商贾之东来时指出,明代中前期,欧洲与中国之交通,至少有四条道路可供选择,然而,1453年土耳其人攻陷君士坦丁堡,诸道皆被阻隔,直接导致了葡萄牙人不得不另觅新道,从而才有了葡萄牙人的航海探险,有了亚欧新航线,有了占据澳门和独领中欧贸易之风骚。再如书中指出,西班牙与葡萄牙虽为邻国,但通往中国的道路却绝不相同。与葡萄牙人自西而来不同,西班牙人则自东而来。他们越大西洋,经墨西哥,渡太平洋,然后征服菲律宾群岛,以马尼拉市作为与中国交往的根据地。此种分析,已超越国与国的关系,具有全球史的视野,显然非直线对接式的中外关系史所能替代。

该书对传教士和留学生亦有精彩论述。作者在解释早期耶稣会士沙勿略等由日本入中国的原因时说:他们"抵日本后,不久得悉日本文化皆来自中国。日本人对中国甚为敬仰。因思若使中国改奉基督教,则日本亦必尾随而来矣。"没有宏大叙事,轻轻几笔,就将耶稣会士的心路历程揭示了出来。近代以来,不少欧美留学生以西学正宗自居,流露出对留日学生的不屑之意。张星烺有针对性地指出,美国物质文明为世界之最,奢侈之风亦他国所不及。中国学生久居美国者,骤然回国,"小事不屑为,大事不能得。欲望不遂,而生愤恨。爱国之心,职任观念,随之削减。""日本固非西洋之国,但中国留学生所学者,皆日本人自西洋贩来之西学。此间接输入之欧化,较之直接自欧美输入者为尤要。"而且,"在日留学者,无日不受日人之轻视刺激,故学生时代,爱国心较欧美留学者为切。"此种发人省思的评析,加入了他对现实生活的观察,与仅取材于书本者不同。不要忘记,他是清末的留学生、欧化东渐的亲历者,曾赴西求学,又东传西学。作者的阅历和学养,使他能见人所不见,故在论述欧化东渐时往往能言人所不能言。

简言之,《欧化东渐史》从欧洲物质文明和精神文明两个方面,首次较系统地阐述了近代西方文明东传中国的复杂历史过程,并简要分析了中国落后于西方的原因和学习西方的方向。较之于前人的著述,该书无论在观点、内容还是结构上都有较大突破,与《中西交通史料汇编》博约相济,共同开启了中国的中西交通史学科。较之于今人的著述,该书交织着学术拓荒期的创造力和青涩感,以及那段历史亲历者的现实关怀。当然,这部书的特色和价值不止于此,有更为丰富的内涵,等待读者去挖掘,去体味。

2015 年 11 月 11 日